Coach yourself to change – lead yourself to the future

Andrea Beddies

# Coach yourself to change – lead yourself to the future

Reflektierte Unternehmen sind erfolgreicher

Andrea Beddies
Enabling Change
Lengede, Deutschland

ISBN 978-3-658-46642-8   ISBN 978-3-658-46643-5 (eBook)
https://doi.org/10.1007/978-3-658-46643-5

Die Deutsche Nationalbibliothek verzeichnet diese Publikation in der Deutschen Nationalbibliografie; detaillierte bibliografische Daten sind im Internet über https://portal.dnb.de abrufbar.

Zeichnungen: © Paula Föhr

© Der/die Herausgeber bzw. der/die Autor(en), exklusiv lizenziert an Springer Fachmedien Wiesbaden GmbH, ein Teil von Springer Nature 2025

Das Werk einschließlich aller seiner Teile ist urheberrechtlich geschützt. Jede Verwertung, die nicht ausdrücklich vom Urheberrechtsgesetz zugelassen ist, bedarf der vorherigen Zustimmung des Verlags. Das gilt insbesondere für Vervielfältigungen, Bearbeitungen, Übersetzungen, Mikroverfilmungen und die Einspeicherung und Verarbeitung in elektronischen Systemen.
Die Wiedergabe von allgemein beschreibenden Bezeichnungen, Marken, Unternehmensnamen etc. in diesem Werk bedeutet nicht, dass diese frei durch jede Person benutzt werden dürfen. Die Berechtigung zur Benutzung unterliegt, auch ohne gesonderten Hinweis hierzu, den Regeln des Markenrechts. Die Rechte des/der jeweiligen Zeicheninhaber*in sind zu beachten.
Der Verlag, die Autor*innen und die Herausgeber*innen gehen davon aus, dass die Angaben und Informationen in diesem Werk zum Zeitpunkt der Veröffentlichung vollständig und korrekt sind. Weder der Verlag noch die Autor*innen oder die Herausgeber*innen übernehmen, ausdrücklich oder implizit, Gewähr für den Inhalt des Werkes, etwaige Fehler oder Äußerungen. Der Verlag bleibt im Hinblick auf geografische Zuordnungen und Gebietsbezeichnungen in veröffentlichten Karten und Institutionsadressen neutral.

Springer ist ein Imprint der eingetragenen Gesellschaft Springer Fachmedien Wiesbaden GmbH und ist ein Teil von Springer Nature.
Die Anschrift der Gesellschaft ist: Abraham-Lincoln-Str. 46, 65189 Wiesbaden, Germany

Wenn Sie dieses Produkt entsorgen, geben Sie das Papier bitte zum Recycling.

# Vorwort

Es gibt viele Bücher und Artikel über Coaching und viele Bücher und Artikel über Change-Management oder Transformation. Die Konzepte und Methoden sind sehr gut ausgearbeitet. Auch das „Meta"-Wissen darüber, welche Methoden gut funktionieren und wo die Fallstricke liegen, ist vorhanden. Wo ist also das Problem, wenn viele Menschen berichten, dass Change Projekte nicht nachhaltig funktionieren und Menschen in Organisationen – trotz vieler Coaching- und Trainingsangebote – den Weg der Veränderung nicht zu ihrem eigenen Weg machen?

„Wasch mich, aber mach' mich nicht nass", das ist solch ein typischer Spruch, der beschreibt, dass ein Zielzustand erwünscht ist – sauber und nach Seife duftend zum Abendessen zu erscheinen – nur das mit der Nässe, das ist unangenehm und sollte möglichst vermieden werden. Das schließt sich jedoch aus.

Oder: Veränderung ist immer die Veränderung der anderen, ich selbst ganz persönlich bin nicht betroffen. Und wenn jeder und jede das von sich sagt, passiert gar nichts.

Mittlerweile ist der Ausspruch „Culture eats Strategy for Breakfast", der Peter Drucker zugeschrieben wird, eine Binsenweisheit geworden und wird von kaum jemandem noch angezweifelt. Die Kultur eines Unternehmens bzw. einer Organisation zu verändern, bedeutet jedoch, am Verhalten und vor allem an den Haltungen der Organisationsmitglieder zu arbeiten oder, viel besser, eine Situation zu erzeugen, in der die Mitarbeitenden sich selbst reflektieren und überlegen, welches Verhalten und welche Haltung noch zukunftsfähig sind und welche nicht und sich entsprechend weiterzuentwickeln.

Welche Rahmenbedingungen braucht es dafür, welche Organisation für das Change Projekt, welche Kommunikation und welche Methoden, das soll in diesem Buch beleuchtet werden.

Da ich finde, dass Geschichten eine sehr gute Möglichkeit sind, theoretische Inhalte plastisch zu machen, nutze ich ein Fallbeispiel und „würze" es mit theoretischem Input aus der Arbeitspsychologie und der Organisationswissenschaft.

So möchte ich eine Geschichte in 14 Episoden erzählen, versehen mit dem ein oder anderen arbeits-psychologischen Know How, um Change plastisch erfahrbar zu machen. Dies ist also kein Lehrbuch, sondern die Beschreibung eines typischen Unternehmens in der Change Situation mit all ihren Facetten, ein Beispiel!

Meine Hauptthese lautet: Wenn es gelingt, die Reflexionsfähigkeit einer Organisation und damit ihrer Mitglieder zu erhöhen, Mitarbeitende zu begeistern und zu befähigen, ihr Tun im Unternehmen, ihre Haltung zu den Zukunftsfragen systematisch zu reflektieren, erhöht diese Fähigkeit die Erfolgswahrscheinlichkeit für das Gelingen eines Change Projektes um ein Vielfaches.

Den Raum zu bieten, dass Betroffene Mitdenker und Mitgestalterinnen werden, das ist das Credo!

Ich möchte vor allem dazu motivieren, möglichst früh mit der Veränderung anzufangen, also dann, wenn erste Signale am Horizont zu sehen sind und viele noch sagen: Es ist doch alles in Ordnung, das ist nur eine leichte konjunkturelle Verschiebung oder ein weniger relevanter Schwachpunkt des Unternehmens, das ruckelt sich schon wieder zurecht! Natürlich ist klar, dass es in solch einer Situation schwieriger ist, Mitstreitende für Veränderung zu gewinnen. Trotzdem ist es besser, hier Überzeugungsarbeit zu leisten als vor einem Scherbenhaufen zu stehen und sich mit der Restrukturierung des Unternehmens oder von Teilen davon beschäftigen zu müssen. Dann MUSS etwas geschehen, und das ist meistens sehr schmerzhaft.

Das Buch richtet sich an all diejenigen, die

- sich auf Change Prozesse vorbereiten möchten
- einen konkreten Change Prozess gestalten wollen
- im Change sind und wissen möchten, wie es anderen dabei geht
- in der Nachdenkens-Phase über Change stehen und sich dafür Anregungen wünschen

Gemeint sind also Lernende, Berater und Beraterinnen, betriebliche Praktiker und Praktikerinnen und weitere Interessierte an dem Thema.

Schauen wir uns unser Unternehmen und seine Akteure und Akteurinnen an …

Lengede, Deutschland                                    Andrea Beddies

# Danksagung

Ein Text schreibt sich nicht von alleine, er braucht helfende Rahmenbedingungen und Menschen, die das Konzipieren, Überlegen und Schreiben unterstützen. So möchte ich Danke sagen

- für die Zeit und den Raum zum Schreiben.
- dafür, einen ruhigen Ort mit viel Licht und Blick in den Himmel zu haben, an dem das Schreiben leicht wird. Meine Urgroßeltern haben für diesen Platz gesorgt.
- dem Leben für die Lebenserfahrung, die ich gewinnen durfte.
- allen, die mich ausgebildet haben für das konzeptionelle Wissen, das ich sammeln konnte.
- meiner Familie dafür, dass sie für mich da ist.
- und meiner Freundin Elke für die so hilfreiche kritische Reflexion.

# Einleitung

## Die Solution GmbH – auf dem Weg in die Zukunft

### Wer ist die Solution GmbH?

Die Solution GmbH ist ein Unternehmen mit ca. 2000 Mitarbeitenden und einem Jahresumsatz im mittleren dreistelligen Millionenbereich. Es ist ein produzierendes Unternehmen im B-to-B-Geschäft. Es wurde nach dem 2. Weltkrieg Ende der 40er-Jahre des letzten Jahrhunderts gegründet und begann familiengeführt. Mittlerweile hat sich die Familie Hansen jedoch aus der Geschäftsführung zurückgezogen und einem Geschäftsführungs-Team die Leitung überlassen. Hartmut Hansen, der ehemalige Senior-Chef, führt mit dem CEO Quartals-Meetings durch, diskutiert dann die Zahlen und ist in relevante Investitionen involviert. Alles andere macht die GF.

Solution ist in den ca. 75 Jahren seiner Geschichte kontinuierlich gewachsen und hat – mit wenigen Ausnahmen und damit Krisenjahren – eine sehr gute Entwicklung hingelegt. Es gibt zwei Produktions-Standorte in

Deutschland, einen Standort in China und einen weiteren in Brasilien. Der Vertrieb ist global aufgestellt und deckt alle Kontinente ab.

Es gibt eine eigene Entwicklungs-Abteilung, die ein sehr gutes Ansehen im Unternehmen genießt. Von daher sind alle Prozessketten vorhanden: Brief to Contract und Order to Payment.

Man ist stolz auf die eigene Technik und gehörte bislang im eigenen Segment weltweit zu den besten fünf Unternehmen, was Innovation und Kundennähe betrifft.

Trotz der Größe kennt man sich noch im Unternehmen, die Fluktuation liegt bei unter 5 %. Bislang kamen viele Mitarbeitende um zu bleiben.

## Die aktuelle Unternehmens-Situation – welche Phänomene zeigen sich?

Der Umsatz der letzten 3 Jahre ist stabil, aber nicht steigend. Die Profitabilität ist nach wie vor solide, jedoch leicht abfallend. Es gab in den letzten Jahren keine signifikanten Automatisierungsgewinne.

Es zeigt sich eine etwas zunehmende Unzufriedenheit bei einigen Kunden bzw. Kundinnen, es gibt weniger begeisterte Rückmeldungen, vor allem bei den Premium-Kunden.

Bei den Mitarbeitenden ist eine gewisse Lethargie zu beobachten. Es hat den Anschein – jedenfalls sehen das einige Führungskräfte so – als würden sich die Mitarbeitenden auf vergangenen Erfolgen ausruhen und eine gewisse Arroganz entwickeln: Wir sind wir, und der Kunde möge sich bitte nach uns richten, wir wissen es schließlich am besten … Und: Also dafür bin ich nicht zuständig, das ist ja wohl die Nachbar-Abteilung, die sollen mal in die Puschen kommen.

Die Bewerbungszahlen sind rückläufig, die Fluktuation leicht steigend, der Krankenstand ebenso. Es wird zunehmend schwierig, die Stellen für Auszubildende und für dual Studierende zu besetzen, von Fachspezialisten und -spezialistinnen ganz zu schweigen.

Es gibt die allgemeine Klage im Unternehmen, dass Kollegen und Kolleginnen schwerer erreichbar sind. Die aktuelle Home-Office-Vereinbarung, die die Möglichkeit von 50 % Home-Office im Quartal vorsieht, wird debattiert.

Letztens gab es Vandalismus im Toilettenbereich.

## An einem Montagvormittag zwischen 8.00 und 12.00 Uhr

Die Vertriebschefin bekommt die Reklamation eines Premium-Kunden auf den Tisch und informiert sofort den CEO.

Ein Entwickler mit Schlüsselkompetenzen gibt in der Personalabteilung seine Kündigung ab.

In der Produktion fällt eine Anlage aus, die schön längst hätte modernisiert werden müssen, nur aus Kostengründen ist dies bislang nicht geschehen.

## Die Schlüsselpersonen im Unternehmen – who is who?

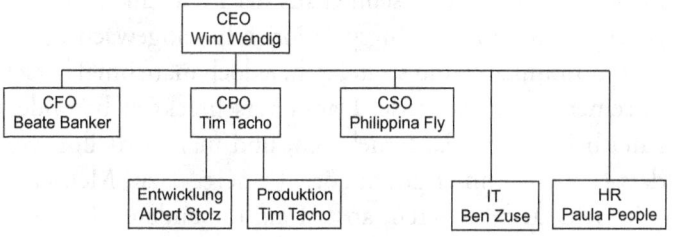

**Wim Wendig – CEO**

Wim ist seit 8 Jahren im Unternehmen und kam, um die Ablösung der Eignerfamilie aus dem operativen Geschäft perfekt zu machen. Wim – von der Ausbildung her Ingenieur – ist jedoch sehr schnell aus der Fachlichkeit herausgegangen und in Führungspositionen hineingewachsen. Er ist kommunikativ und strategisch, jedoch manchmal barsch in seiner Vorgehensweise: Damit verschreckt er besonders Mitarbeitende im Unternehmen, und man wirft ihm vor, dass er nicht immer gut zuhört. Er neigt dazu, Menschen mit Geld zu motivieren, anstatt auf die anderen Faktoren von Motivation zu schauen. Da hat er seine Dispute mit Human Resources.

**Beate Banker – CFO**

Beate ist schon über 15 Jahre im Unternehmen und hat sich Stück für Stück weiterentwickelt. Auch sie ist im Zuge der Ablösung der Eignerfamilie in die Geschäftsführung eingezogen und genießt deren volles Vertrauen. Beate, Betriebswirtin, ist absolut prozess- und zahlenorientiert und hat in den letzten Jahren viel dazu beigetragen, dass das Unternehmen mit soliden KPI's ausgestattet ist, um die Performance zu messen. Sie ist sehr klar in ihrer Meinung, lässt sich allerdings auch nicht so schnell vom Gegenteil überzeugen. Einige finden, sie sei zu starr in ihren Haltungen.

**Philippina Fly – CSO**

Philippina ist im Unternehmen groß geworden, hat nach ihrem Ingenieursstudium erst in der Entwicklung angefangen und ist anschließend in den Vertrieb gegangen. Dort liegt ihre Leidenschaft. Sie ist eine hochkommunikative, technisch versierte Vertrieblerin, die sich in alle technischen Fragen intensiv eingearbeitet hat. Das heißt, sie ist beim Kunden auch eine gute Beraterin. Ihre Energie ist mitreißend, ihre Entscheidungsgeschwindigkeit herausragend, sie kann aber auch manchmal verschrecken. Einige eher introvertierte Mitarbeitende, die ihre Zeit für die Dinge brauchen, fühlen sich nicht immer mitgenommen. Sie und der Produktionsleiter haben eine eher konfliktäre Arbeitsbeziehung miteinander. Sie findet ihn zu Technik-fokussiert und kleinteilig, er findet, sie ist technisch oberflächlich und nimmt die Herausforderungen nicht hinreichend ernst.

**Tim Tacho – CPO**
Tim ist Verfahrens-Ingenieur und das aus Leidenschaft. Prozess-Probleme zu analysieren und an Lösungen zu arbeiten, darin kann er sich tagelang vergraben und mit seinen Leuten diskutieren. Er ist schon seit vielen Jahren im Unternehmen und kennt alle Standorte wie seine Westentasche. Er hat auch China und Brasilien federführend mit aufgebaut. Die Mitarbeitenden in der Produktion schätzen ihn. Jüngere Führungskräfte werfen ihm allerdings vor, zu wenig Handlungsspielraum für Neues zu lassen und einfach einmal etwas auszuprobieren. Da rennen sie sich manchmal den Kopf ein und fühlen sich nicht ernst genommen. Auch mischt er sich ab und zu in ihren Verantwortungsbereich ein, und dann gibt es Konflikte im Team: Wer entscheidet denn jetzt eigentlich? Mit Philippina hat er seine Mühe und findet, dass sie Kunden Dinge verspricht, die nicht immer so ohne weiteres funktionieren. Dann gibt es Streit zwischen den beiden.

## Albert Stolz – Entwicklungsleiter

Albert ist ein echter Erfinder und Tüftler und wird von seinen Mitarbeitenden sehr geschätzt. Man kann fachlich ungemein viel von ihm lernen, und er kann gut erklären. Sein Führungsstil ist eher „väterlich", das finden gerade jüngere Mitarbeitende oftmals etwas antiquiert. Albert neigt auch dazu, sich beim Tüfteln im Detail zu verlieren und zu vergessen, was die neue Erfindung dann für die Umsetzung in der Produktion bedeutet. Das führt zu entsprechenden Diskussionen mit Tim Tacho. Andererseits wirkt er beim Kunden sehr überzeugend und begeistert für die Zukunft. Philippina ist dann immer sehr zufrieden mit den Meetings. Insgesamt neigt Albert dazu, die Dinge manchmal persönlich zu nehmen, von daher fassen ihn viele Mitarbeitende auch mit Samthandschuhen an. Das ist anstrengend.

**Paula People – HR-Leiterin**

Paula ist eine moderne HR-Chefin, seit knapp 2 Jahren im Unternehmen und voller Elan, Human Resources auf den Weg in die Zukunft zu führen. Sie hat eine noch recht administrative Abteilung vorgefunden, ihr Vorgänger ist nach vielen Jahren in den Ruhestand gegangen und war eher ein Personalleiter des alten Schlages. Paula hat sich als erstes auf die Prozesse im Recruiting und auf die Entwicklung der HR-Business-Partner-Rolle konzentriert und ist jetzt dabei, die Personalentwicklung systematisch aufzubauen. Auch die IT im HR-Bereich ist renovierungsbedürftig. Es gibt noch viel zu tun, um moderne Prozesse und Strukturen aufzubauen. Sie hat einen klaren Auftrag vom CEO, der hinter ihr steht. Aber nicht alle Führungskräfte sind begeistert: Irgendwie ist das ja auch unbequem und teilweise anstrengend mit der neuen HR-Chefin, sie will immer etwas verändern …

**Ben Zuse – IT-Leiter**

Auch Ben ist schon eine ganze Weile im Unternehmen, 10 Jahre, um genau zu sein. Ben ist ein ruhiger und überlegter Zeitgenosse, der lieber eine Nacht mehr über Entscheidungen schläft, bevor er sie fällt. Sein Team ist engagiert und steht hinter seinen Projekten, auch wenn es natürlich abteilungs-intern Diskussionen über den besten Weg oder die beste neue Anwendung gibt. Aber das debattiert man gemeinsam aus. Er leidet unter chronischer Unterfinanzierung und muss für Vieles kämpfen. Meistens kann er sich jedoch am Ende durchsetzen. Die Diskussion über Künstliche Intelligenz und Digitalisierung spielt ihm in die Karten, auch wenn das Unternehmen hier nicht als Vorreiter in vorderster Reihe mitspielen will. Die Zusammenarbeit mit Entwicklung und Produktion funktioniert allerdings in der Regel gut, und wenn alle Drei sich einig sind, bekommen sie auch etwas durchgesetzt.

## Konstanze Schwung
Betriebsrats-Vorsitzende

**Konstanze Schwung – Betriebsrats-Vorsitzende**
Konstanze ist seit 10 Jahren im Unternehmen, hat hier dual ihren BWL-Bachelor absolviert und ist dann in den Einkauf gegangen. Sie war schon in der Jugend- und Auszubildenden-Vertretung aktiv, hat es auf Anhieb in den Betriebsrat geschafft und tatsächlich den Vorsitz übernommen. Der vorherige BRV ist in den Ruhestand gegangen, und ein Generationenwechsel stand an. Sie hat ein sehr gutes Verhältnis zu Paula, der HR-Leiterin. Die beiden tauschen sich regelmäßig aus, es ist eine unkomplizierte und produktive Zusammenarbeit. Sie hat erfahrene BR-Kollegen und Kolleginnen an der Seite, die ihre Arbeit unterstützen, auch wenn sie sich in der Sache nicht immer auf Anhieb einig sind. Aber das ist ja auch ok so. Mitarbeiterentwicklung ist Konstanze wichtig, sie wünscht sich mehr frischen Wind im Unternehmen und findet die Kultur noch zu traditionell. Da zieht sie mit Paula an einem Strang.

# Inhaltsverzeichnis

Episode 1 – Geschäftsführungs-Meeting, Dienstagmorgen um 9.00 Uhr und die Folgen   1

Episode 2 – Der Kulturfragebogen und die Ergebnis-Diskussion in der Geschäftsführung   11
Literatur   20

Episode 3 – Das mittlere Management an Bord holen   21
Literatur   33

Episode 4 – Den Betriebsrat abholen   35

Episode 5 – Der Steuerungskreis und „Coach yourself to change"   43

Episode 6 – Ein denkwürdiger GF-Workshop zu „Coach yourself to change"   53
Literatur   61

**Episode 7 – Karlas Kantinenbesuch und der Change Agent Workshop mit den Abteilungsleitungen** 63
Literatur 77

**Episode 8 – Eine kulturelle Betriebsrats-Sitzung, die zweite Betriebsversammlung und die Vereinbarung** 79

**Episode 9 – Brücken bauen: Eine erste Projektsitzung von Vertrieb und Produktion und was Tim sonst noch umtreibt** 91
Literatur 101

**Episode 10 – Die Rolle der Mitarbeitenden im Change und das Kommunikationskonzept** 103
Literatur 116

**Episode 11 – Vertrieb, Haltung, Kunde – Widerstände gehören dazu** 117
Literatur 130

**Episode 12 – Eine Diskussion zum Thema Strategieprozess im Unternehmen, und was der Eigner so denkt ...** 133
Literatur 141

**Episode 13 – Recruiting und wo Change noch eine Rolle spielt ...** 143

**Episode 14 – Eine Triaden-Sitzung und weitere kreative Ideen zur Kulturentwicklung** 151
Literatur 165

**Coach yourself to change: hilfreiche Fragen
und Anregungen** 167

**Ausblick** .......................................... 179

**Literatur** .......................................... 181

# Über die Autorin

**Dr. Andrea Beddies** hat 30 Jahre Berufserfahrung als externe Beraterin, interne Personal- und Organisationsentwicklerin, Human Resources Business Partner und Vice President Human Resources im internationalen Kontext, zuletzt verantwortlich als Group VP HR für ein Unternehmen mit über 6000 Mitarbeitern*innen weltweit.

Heute arbeitet sie als Beraterin mit ihrer Firma „Enabling Change" und unterstützt Unternehmen bei der Weiterentwicklung von HR und bei Veränderungsprozessen (www.andrea-beddies.com).

# Episode 1 – Geschäftsführungs-Meeting, Dienstagmorgen um 9.00 Uhr und die Folgen

Voll genervt sitzt Wim Wendig am Tisch. So ein Wochenstart muss nicht sein (Abb. 1).

**Abb. 1** Geschäftsführungs-Meeting

Philippina berichtet ausführlich von der Kundenreklamation und den ersten Aktivitäten. Gemeinsam mit der Qualitätssicherung hätte sie sofort einen Video-Call initiiert, um dem Thema auf den Grund zu gehen. Der Kunde ist zwar sauer, aber man hätte die Lage im Griff. Zwei Servicetechniker sind schon vor Ort, offensichtlich handelt es sich um einen Schaden, der beim Transport passiert ist. Der Logistik-Dienstleister ist informiert. Der Auftrag wurde zudem etwas verspätet ausgeliefert, Tim muss sich für die Produktion rechtfertigen.

Bevor es wieder einmal eskaliert, beschwichtigt Wim für heute die Diskussion und nimmt sich den Merker für die nächste Strategie-Klausur mit: Prozess-Innovation in der Produktion, das kann wirklich nicht mehr warten.

Tim berichtet von der ausgefallenen Anlage, die die Instandhaltung zwar wieder fit bekommen hat, aber so ginge das nicht weiter. Tim zieht seinen alten Investitionsantrag aus der Tasche und legt ihn sehr nachdrücklich auf den Tisch.

Tim und Beate bekommen den Auftrag, sich zusammenzusetzen und eine aktualisierte GF-Vorlage zu erstellen. Das Fass ist übergelaufen, Ersatz muss her. Die Anlage kommt in den Investitionsplan für das kommende Jahr.

Wim berichtet von der Kündigung in der Entwicklungsabteilung: Der junge Mitarbeiter war ein absolut kluger Kopf mit viel Potenzial für die Zukunft, das Exit-Gespräch steht noch aus. Es heißt, er hätte ein sehr gutes Angebot vom Wettbewerb und sähe zu wenig Karriereperspektiven bei Solution.

Anschließend berichtet Philippina turnusgemäß vom Auftragseingang und der Perspektive für die nächsten beiden Quartale. Die Zahlen bleiben flach.

Beate zeigt die monatlichen Finanz-Kennzahlen, die nicht gerade traumhaft aussehen. Bei steigenden Personalkosten, notwendigen Investitionen vor allem auch in die IT und in der Produktion muss mittelfristig entweder ein

Automatisierungsschub her oder neue Kunden oder Preiserhöhungen, irgendwo muss das Geld ja herkommen.

Alle sitzen leicht frustriert um den Tisch herum und wissen implizit: Schwung fehlt, positive Nachrichten werden seltener, es fehlt an Vision und neuen Ansätzen.

Philippina war vor einigen Wochen auf einer Branchenkonferenz mit spannenden Vorträgen zur Entwicklung der Branche insgesamt, Digitalisierung und KI und interessanterweise zum Thema Unternehmens-Kultur. Dort wurde das Kulturentwicklungs-Projekt eines Unternehmens in einer verwandten Branche vorgestellt und – anonymisiert natürlich – von den Ergebnissen berichtet: Die Geschäftszahlen hatten sich signifikant verbessert, sowohl quantitativ als auch qualitativ (Commitment der Mitarbeitenden, Fluktuation, Krankenstand, Bewerbungs-Zahlen und am Ende auch die Produktivität).

Philippina beginnt zu erzählen, erst ganz nachdenklich und dann immer engagierter. Die anderen steigen in die Debatte ein und werden immer neugieriger. Alle haben natürlich schon einmal den ein oder anderen Artikel über Unternehmenskultur gelesen, da braucht man ja nur die Wirtschaftsseiten der Zeitungen aufzuschlagen oder in den sozialen Medien zu surfen.

Eine allgemeine Diskussion führt nicht weiter: Wim (Kultur ist ja ein CEO-Thema) nimmt den Auftrag mit, gemeinsam mit Paula, der HR-Chefin, einen Termin mit der Unternehmensberatung zu organisieren und sich den Ansatz einmal vorstellen zu lassen.

Damit ist die GF-Runde für heute beendet.

> **Unternehmenskultur**
>
> Unternehmenskultur wird gemeinhin als die Gesamtheit der Werte, Normen, Haltungen und Einstellungen der Mitarbeitenden und Führungskräfte eines Unternehmens bezeichnet, die leitend sind für das Treffen von Entscheidungen und für das Handeln und Verhalten in der Organisation.

> **Lässt sich Unternehmenskultur aktiv verändern?**
>
> Ja! Die Reflexion der Werte, sie explizit und damit diskutierbar zu machen und die Entscheidung, Werte neu zu gewichten bzw. neue Werte aufzunehmen, verändern die Unternehmenskultur, WENN der neue Wertekanon in verändertes Verhalten und damit die Einführung neuer Methoden, expliziter Vorgehensweisen oder Regeln der Zusammenarbeit umgesetzt wird. Das „Tun" erzeugt die neue Kultur. Die Umsetzung in neues oder verändertes Verhalten braucht laufende Rückmeldung durch andere, braucht Feedback.

> **Wie lange dauert eine Kulturveränderung, und was sind die Erfolgsfaktoren?**
>
> Nach meiner Erfahrung braucht es zwei Jahre beginnend mit der Reflexion, um einen wirklichen Unterschied in der Kultur zu sehen oder zu spüren, wenn man in ein Unternehmen oder auch in eine Abteilung kommt. Die gemeinsame Reflexion im Team darüber, welche Werte einem persönlich wichtig sind UND welche Werte wichtig sind für den Erfolg des Unternehmens (oder des Teams) sowie die konkrete Einführung neuer Entscheidungswege und neuer Formen der Zusammenarbeit, also das ganz praktische andersartige „Machen" sind maßgeblich für den Erfolg. Und dieses neue „Machen" gilt es kontinuierlich zu praktizieren, zu reflektieren und zu evaluieren: Bin ich noch dran oder nicht!

Wim hatte nach der GF-Runde einen sehr nachdenklichen Abend zu Hause und hat bei einem Glas Rotwein im Netz nach Unternehmenskultur gegoogelt. Es gab viele interessante Artikel und Buchempfehlungen, und das alles hat ihn noch neugieriger gemacht.

Er geht am nächsten Tag bei Paula, der HR-Leiterin vorbei, um ihr von der Branchenkonferenz, bei der Philippina war und der gestrigen Diskussion in der Geschäftsführung zu berichten.

„Na, das freut mich aber, dass ihr auf solch eine Idee gekommen seid, sehr gut! Ich wollte schon lange mit dir über das Thema reden …!"

Die beiden besprechen mögliche Termine mit der Beratungsfirma, die Philippina auf der Konferenz kennengelernt hat. Auf der Webseite liest sich das spannend. Sie bieten einen Fragebogen zur Messung der Werte eines Unternehmens an und begleiten Organisationen bei der Weiterentwicklung.

„Weißt du, Wim, das können wir natürlich nur dann zielführend machen, wenn ihr als Geschäftsführung die Unternehmensstrategie mit den Werten verknüpft und wir eine Personalstrategie daraus ableiten. Ihr habt doch sowieso in 2 Monaten GF-Klausur und diskutiert die Strategie für die nächsten 3 Jahre. Da gehört das hin."

Wim nimmt das natürlich als Wink mit dem Zaunpfahl wahr, Paula zur GF-Klausur einzuladen. „OK, Paula, du kennst die aktuelle Strategie. Mach' dir Gedanken und einen Entwurf für die HR-Strategie für die nächsten 3 Jahre aus deiner heutigen Sicht. Und dann setzen wir uns vor der Klausur zusammen, gehen sie durch, und du würdest eine Art Diskussions-Papier vorstellen. OK?"

Gesagt, getan, und Paula kümmert sich um einen Termin mit der Beratungsfirma für das Kulturthema – selbstverständlich ist HR dabei.

Eine Woche später sitzt Paula mit Tim Tacho zusammen. Sie tauschen sich immer mal wieder aus, dieses Mal geht es eigentlich um den Krankenstand in der Produktion. Aber sie kommen auch auf andere Themen.

„Wir müssen einfach unsere Prozesse weiterentwickeln, so kommen wir nicht weiter. Und es sind nicht immer die großen technischen Veränderungen, die den Fortschritt bringen, es gibt so viele kleine Dinge anzugehen", meint Tim.

Paula kennt das Thema KVP (Kontinuierlicher Verbesserungs-Prozess) noch aus dem Unternehmen, in dem sie früher gearbeitet hat. Dort wurde das Konzept sehr erfolgreich eingeführt. Sie findet das Thema super, gerade weil es eine Methode ist, die Unternehmenskultur weiterzuentwickeln und vor allem die Beteiligung der Mitarbeitenden zu fördern. Eigentlich ist KVP ein ganz alter Hut, aber ein ausgesprochen wirksamer Ansatz, um Behinderungen abzubauen, Produkt- und Prozessverbesserungen auf den Weg zu bringen, Arbeit damit gesundheitsförderlicher zu gestalten und am Ende Zeit (für Fehlerbehebung oder für nicht mehr zeitgemäße Abläufe) und damit Geld zu sparen.

„Soll ich dich einfach mal mit dem Produktionsleiter meines ehemaligen Unternehmens zusammenbringen? Ich bin doch immer noch mit ihm vernetzt. Die haben wirklich coole Sachen auf den Weg gebracht, viele Einsparungen erzielt und das Engagement der Mitarbeiter und Mitarbeiterinnen erhöht. Ich schreibe ihn auf LinkedIn an, soll ich?" fragt Paula.

Tim stimmt zu und ist neugierig. Und Paula nimmt das Thema in ihre HR-Strategie mit auf.

Um die HR-Strategie zu diskutieren, plant Paula ein Team-Meeting mit allen HR Business Partnern und der Personalentwicklerin. Die Agenda zur Entwicklung der HR-Strategie sieht so aus:

Bestandsaufnahme:

- Wo steht das Unternehmen wirtschaftlich und von der Kultur her?
- Was fordert der Markt, was wollen die Kunden?
- Belegschaftsstruktur, Demografie, Recruiting-Bedarf, Arbeitsmarkt

HR-Ziele und Prioritäten
HR-Strategie: Wie kommen wir von A nach B?

Sie schließt sich einen Tag mit den HR-Kollegen und Kolleginnen ein, sie brainstormen und diskutieren entlang der Agenda, und das Ergebnis ist ausgesprochen zufriedenstellend, finden sie. Ein gemeinsames Abendessen wird der krönende Abschluss des Workshops, das haben sie sich verdient.

Eine Woche später hat Paula dann den Termin mit Wim zu den ersten Ideen zur HR-Strategie:

**HR-Strategie**
**Ausgangspunkt und Herausforderungen**

- Aktuell kein weiteres Unternehmens-Wachstum
- Mehr Wettbewerbsdruck im Markt
- Kostendruck
- Fachkräftemangel, steigende Fluktuation und sinkende Bewerbungszahlen
- Steigender Krankenstand
- Gefühlt sinkendes Commitment der Mitarbeitenden: weniger Drive, die extra Meile zu gehen

**HR-Ziel: Wettbewerbsfähigkeit steigern – Arbeitgeberattraktivität erhöhen – intern und extern**

- Unternehmenskultur messen und weiterentwickeln, dazu gehören
  - Kulturmessung: Stand heute, und wo wollen und müssen wir hin?
  - mehr Delegation von Verantwortung – neue Rolle der Mitarbeitenden, Veränderung der Entscheidungsprozesse, Arbeitsgestaltung
  - Einbeziehung der Mitarbeitenden in die Entwicklung und Umsetzung der Unternehmens-Strategie
  - Ausbau der Feedbackkultur
  - Kontinuierliche Verbesserungsprozesse im gesamten Unternehmen etablieren

- Weiterentwicklung des Mitarbeitergesprächs und der Zielvereinbarungen
- Mehr Karrieremöglichkeiten eröffnen
- Diversity-Management einführen
- Gesundheitsmanagement intensivieren

**Mögliches Vorgehen Schritt 1**

- Change-Projekt aufsetzen, Change-Board installieren
- Messung der Unternehmenskultur – Sicht aller Mitarbeitenden einholen
- Breite Kommunikation der Ergebnisse und abteilungsbezogene Ableitung von Maßnahmen
- Entwicklung des Rollenkonzepts für die Mitarbeitenden der Zukunft einschließlich Gestaltung der Entscheidungs-Prozesse
- Einführung Kontinuierlicher Verbesserungsprozess inklusive Trainings

**Mögliches Vorgehen Schritt 2**

- Employer Branding – Projekt
- Projekt Weiterentwicklung Mitarbeitergespräch und Feedbackkultur
- Projekt Karrieremöglichkeiten
- Projekt Vertriebsentwicklung: KPI-Weiterentwicklung, Rolle des Account Managers, Trainings

„Wow, Paula, das ist super, damit kannst Du schon ins Rennen gehen. Ich finde, für einen ersten Aufschlag ist das hervorragend. Jetzt lass uns den Termin mit der Beratungsfirma kommende Woche abwarten, und dann finalisierst du das Konzept", sagt Wim und geht hoch erfreut in sein Büro zurück.

Paula strahlt und berichtet begeistert ihrem HR-Team! Und da scheint sich ja gerade qualitativ etwas zu verändern an ihrem Verhältnis zum CEO.

Klar steckt darin jetzt noch sehr viel Arbeit, das Konzept muss weiter ausgearbeitet werden. Das ist allen klar. Doch es entsteht so, so viel zusätzlicher Drive im Team …

# Episode 2 – Der Kulturfragebogen und die Ergebnis-Diskussion in der Geschäftsführung

Nach dem Termin von Wim und Paula nimmt das Kultur-Thema Fahrt auf. Wim kommt bei einem Mittagessen mit Tim Tacho noch einmal darauf zu sprechen und die beiden denken darüber nach, was sie kulturell eigentlich schon immer mal verändern wollten. Paula diskutiert natürlich im HR-Team weiter darüber und überlegt schon einmal, wie sie den Betriebsrat am besten einbeziehen kann. Es sind aufregende Zeiten.

Paula jedenfalls hat von Wim den Auftrag bekommen, sich um die von Philippina genannte Beratungsfirma zu kümmern. So ruft sie bei der Organisationsberatung „Culture Moves" an und spricht dort mit Karla Furrer. Die beiden haben einen sehr guten Austausch am Telefon. „Culture Moves" hat ein ganzes Methodeninventar zur Analyse von Unternehmenskultur, einen Ansatz, den abstrakten Begriff Kultur greifbar und konkret zu machen und basierend darauf Projekte aufzusetzen, mit denen Kultur weiterentwickelt werden kann.

Karla Furrer schlägt vor, das Ganze sofort mit Leben zu füllen und alle Mitglieder der Geschäftsführung zu bitten, im Vorfeld des Kennlern-Meetings einfach einmal den Kulturfragebogen individuell auszufüllen, sodass jeder und jede für sich ein konkretes Ergebnis in der Hand hält und „Kulturanalyse" anfassbar wird. Ob sie sich dann über ihre persönlichen Ergebnisse austauschen mögen, sei dahingestellt. Das ist ja auch nicht erforderlich.

Paula nimmt den Gedanken auf und spricht mit Wim Wendig darüber. Der sagt erst einmal: „Muss das sein, mein Tisch ist voll, das auch noch!" Paula überzeugt ihn davon, dass dies ein gutes Vorgehen ist, um gleich herauszufinden, ob am Ansatz von Culture Moves etwas dran ist und ob deren Methoden für Solution wirklich Sinn ergeben und passen. Außerdem dauert das Ausfüllen des Fragebogens auch nicht so lange.

Gesagt, getan, Wim informiert die GF-Kollegen und Kolleginnen, die sind einverstanden, und der Fragebogen nimmt seinen Lauf. Paula lässt es sich natürlich nicht nehmen, ihn auch auszufüllen. Alles läuft online, sehr einfach und komfortabel. Und mittlerweile sind alle ausgesprochen gespannt auf die Präsentation und die Ergebnisse.

Wieder einmal ein Dienstagmorgen, die GF-Runde startet um 9.00 Uhr mit dem Kennenlernen von Culture Moves – Karla Furrer ist online dazugeschaltet.

„Guten Morgen, ich freu' mich sehr, ich bin Karla Furrer von Culture Moves und zeige Ihnen, wie wir arbeiten, was wir gemeinsam im Unternehmen bewegen können und welche Ergebnisse wir in anderen Organisationen erreicht haben …".

Karla berichtet sehr anschaulich, was sie unter Unternehmenskultur und der Messung von Werten versteht, erklärt an einem Beispiel die Wertemessung in einem Unternehmen, die Reflexions-Workshops und deren Highlights in den Bereichen sowie die Maßnahmen, die sie daraus ge-

## Episode 2 – Der Kulturfragebogen und die ...

meinsam mit den Führungskräften und den Mitarbeitenden abgeleitet haben. Es geht ja nicht ums Messen um des Messens willen, sondern immer um den Abgleich: Wo stehen wir heute und welche Kultur und Werte brauchen wir morgen, um nach wie vor erfolgreich zu sein? Und was heißt das für die Prozesse im Unternehmen, die Rollen der Führungskräfte und der Mitarbeitenden, das ganz konkrete Verhalten, die Kompetenzen und Prozesse, die es dafür braucht?

„Hm, das will ich auch haben …! Das machen wir!" denkt Wim Wendig. „Spannend, das klingt ganz gut" sagt er etwas zurückhaltender. „Und jetzt hätte ich gerne unser Ergebnis gesehen."

Karla hatte die Ergebnis-Reports der individuellen Kulturanalyse kurz vor dem Video-Call an alle Teilnehmenden geschickt. Sie erklärt die wichtigsten Komponenten anhand eines Muster-Berichtes und bietet an, im Nachgang mit jedem und jeder ein individuelles Debriefing zu machen. „Schauen Sie sich ihren Bericht an. Er ist zusammen mit den Erläuterungen eigentlich selbsterklärend. Was Sie dann daraus machen, das steht auf einem zweiten Blatt."

„OK, ich würde sagen, wir lassen das erst einmal sacken. Vielen Dank für Ihre Zeit und diesen ausgesprochen interessanten Input. Wir melden uns bald wieder bei Ihnen."

Karla Furrer klingt sich aus. „Na, was meint ihr? Kann uns das helfen?" fragt Wim.

Bei dem Ergebnisbericht gibt es immer die persönliche Sicht: Welche Werte kennzeichnen mich selbst? und die Sicht auf das Unternehmen: Wie nehme ich die Werte und Kulturelemente des Unternehmens wahr?

Alle vier legen ihre Ergebnisse auf den Tisch und vergleichen. Es gibt viele Übereinstimmungen bei der Sicht auf das Unternehmen, und es wird viel gelacht bei der Selbsteinschätzung der Einzelnen. „Gar nicht so schlecht", meint

Philippina. „Da haben wir uns selbst doch ganz gut getroffen, oder was sagt ihr?"

Damit lässt sich schon sehr schön sehen, wo man persönlich steht und wo das Unternehmen, wie gut das zusammenpasst und welche Handlungsanforderungen sich für Solution ergeben könnten.

Eine lebendige Diskussion nimmt ihren Lauf, an deren Ende breite Zustimmung für einen Workshop-Tag mit Karla Furrer steht, um ein mögliches Projekt und das konkrete Vorgehen für Solution auszuarbeiten. Anschließend würde dann final entschieden werden, ob alle sich auf diese Reise einlassen wollen ….

Euphorisch verlässt Paula People die GF-Sitzung und denkt: „Wow, das war heute ein Meilenstein …!"

Um möglichst schnell konkret zu werden, setzen alle alles daran, den Workshop-Tag mit Karla Furrer mit der GF-Klausur zu verbinden, dann kann man gleich Nägel mit Köpfen machen und gemeinsam konkrete Entscheidungen fällen. Außerdem ist das Seminarhotel sowieso schon gebucht, dann lässt sich leicht noch ein Tag anhängen. Und für solch ein Thema braucht es kreative Räume und einen weiten Blick in die Natur. Das ist in einem Industriegebiet nicht immer so gegeben.

### 9 Levels of value systems

Es gibt verschiedene Möglichkeiten, sich dem Thema Analyse der Unternehmenskultur oder überhaupt Kulturanalyse zu widmen. Exemplarisch möchte ich eine Methode etwas genauer vorstellen, die es erlaubt, die Unternehmenskultur und die Unternehmenswerte auf verschiedenen Ebenen mit Hilfe eines Online-Fragebogens zu evaluieren: 9 Levels of value systems. Das Modell beruht auf den Konzepten von C.W. Graves, einem amerikanischen Psychologen, neu editiert von Krumm und Parstorfer (2014). Die konkrete Modellbeschreibung – für die betriebliche Praxis nutzbar gemacht, lässt sich bei Krumm (2017) genauer nachlesen.

Über drei Fragebögen kann man

- die persönliche Haltung zu Kultur und die eigenen Werte,
- die Sicht auf das Team und
- die Sicht auf das gesamte Unternehmen
- beschreiben.

Die Kultur und Werte werden heruntergebrochen auf konkrete Kompetenzen und entsprechende Verhaltensweisen, die in dieser Kultur in der Regel besonders ausgeprägt sind. Wird die Kultur den internen und externen Herausforderungen des Unternehmens nicht mehr gerecht, kommt es – früher oder später – zu Performance-Problemen. Ziel ist es von daher, die Kulturelemente so auszuprägen, dass das Unternehmen sich erfolgreich weiterentwickeln kann. Letztendlich sind sieben der neun Werte-Level heute praktisch relevant. Die Hauptkennzeichen der Kultur und damit auch der Führung auf den sieben Ebenen sind:

1. Tradition, Zusammenhalt und Fokussierung auf eine Führungsperson
2. Erfolg durch Durchsetzungsmögen, Macht und Dominanz
3. Steuerung des Unternehmens durch Regeln, Ordnung und Kontrolle
4. Erfolg durch Leistung, Verantwortungsübernahme und Wettbewerb
5. Erfolg durch Kooperation, Dialog und Partizipation
6. Integration verschiedener Stile, Perspektivenwechsel, Eigenverantwortung
7. Nachhaltigkeit, Verantwortung für die Zukunft, systemisches Handeln

Ein Unternehmen zeigt niemals nur Ausprägungen auf einem einzigen Level, jedoch häufig die Dominanz eines Levels. Die Frage ist, ob diese Dominanz den Anforderungen des Marktes, der Kunden, der technologischen Entwicklung und notwendigen Prozesse etc. noch gerecht wird oder andere Level gestärkt und weiter ausgeprägt werden müssten. Und es fragt sich natürlich: Wie macht man das? Dazu kommen wir auf den folgenden Seiten.

**16** A. Beddies

Die Geschäftsführungsklausur steht an, und die Agenda für die beiden Tage ist straff:

- Finanzkennzahlen der letzten 12 Monate und Projektion auf die nächsten 3 Jahre (Beate)
- Entwicklung der wichtigsten Kunden und Produktsegmente (Philippina)
- Initiativen in der Produktion, Effizienzverbesserung und Automatisierung (Tim)
- Digitalisierungsprojekte und KI (Wim mit Ben)
- Das Kulturprojekt (Karla Furrer, Wim und Paula)
- Diskussionsvorlage HR Strategie (Paula)

Für das Thema Kultur und HR ist ein ganzer Nachmittag vorgesehen.

Karla Furrer stellt zunächst das Modell von Kultur, mit dem sie arbeitet, vor und zeigt dann pointiert und auch ein wenig provokativ, wie die Geschäftsführung die Unternehmenskultur beschrieben hat (Abb. 1). Zunächst herrscht Stille, dann bricht eine wilde Debatte los, alle reden durch-

**Abb. 1** Karla Furrer in Kultur-Aktion

## Episode 2 – Der Kulturfragebogen und die ...

einander, bis Karla um Ruhe bittet und Ordnung in die Diskussion bringt. Woher kommt die Aufregung?

Die Kultur wird von allen als

- sehr regel- und prozessorientiert beschrieben und als
- sehr harmonie- und konsensorientiert.

Das passt gut zu einem sich eher langsam entwickelnden Markt und zu einer fachkompetenten Belegschaft, die Innovationen in längeren Zyklen voranbringt. In einer solchen Situation braucht es wenig Geschwindigkeit und wenig Streit um das beste Konzept. So ist die Welt aber nicht mehr!

Was fehlt, ist

- mehr Wettbewerbsfreude und der Wille, für den Kunden die extra Meile zu gehen und
- eine stärkere Übernahme von Verantwortung durch die Einzelnen und das Team und mehr Mut zu Innovation, dazu, auch einmal etwas auszuprobieren, nicht auf Nummer sicher zu gehen, zu scheitern und daraus zu lernen.

Der Markt braucht eine höhere Innovationsgeschwindigkeit, der Kunde will eine noch bessere Dienstleistung und erwartet die Antworten jetzt und nicht erst morgen oder in der kommenden Woche.

Und dann legen alle Mitglieder der GF zum Vergleich ihr persönliches Ergebnis daneben, und es wundert nicht mehr, wo die Prägung des Unternehmens AUCH herkommt.

„Hm", sagt Wim. „Tja", kommt es von Philippina. Karla grinst: „Ihr kennt ja den Spruch von dem Fisch und dem Kopf ...!"

Gut ist, dass hier keinem etwas peinlich ist, keine oder keiner sich am liebsten in der Ecke verstecken möchte oder in die Verteidigungshaltung geht. Die Fakten liegen auf dem Tisch: Es geht nicht nur darum, die Kultur des Unternehmens weiterzuentwickeln, sondern auch sich selbst und das sehr persönlich.

„Wie machen wir jetzt weiter, Frau Furrer, was ist Ihr Vorschlag?" fragt Wim.

Die Debatte geht wieder los, jeder und jede bringt Ideen ein, ein erstes Gesamtkonzept entsteht … die Hauptelemente sind die folgenden:

- Die nächste Führungsebene an Bord holen, von der GF-Klausur berichten. Alle einladen, den Fragebogen auszufüllen, anschließend Workshop mit den Führungskräften und Reflexion der Ergebnisse.
- Parallel Vorbereitung einer Befragung aller Mitarbeitenden, Betriebsrat an Bord holen und überzeugen. Danach Betriebsversammlung mit üblicher Agenda plus Ergebnispräsentation der Kulturanalyse. Ggf. anderes Setting überlegen, nicht immer die langweiligen Stuhlreihen in der Halle.
- Befragung von drei Schlüsselkunden vorbereiten und vor allem nach weichen Faktoren – ähnlich der Kulturanalyse – fragen, um ein Außenbild zu bekommen. Später eine repräsentative Stichprobe der Kunden auf den Weg bringen, um zu validen Ergebnissen zu kommen und übergreifende Maßnahmen auf den Weg zu bringen.
- Anschließend/parallel Ableitung von Projekten und Aktivitäten.

„Super", sagt Karla, „das sieht nach einem guten Prozess aus. Was wir jetzt noch brauchen, ist ein Steuerungskreis, der sich regelmäßig zusammensetzt und schaut, ob wir auf Kurs sind."

Wim stimmt zu. Das ist ein Projekt (mit Teilprojekten), welches das Unternehmen die nächsten 2–3 Jahre begleiten wird, und dazu braucht es in der Tat Steuerung, regelmäßige Reflexion, Controlling der Fortschritte bzw. der Entwicklung. Im Moment sieht sich die gesamte GF in der Pflicht, plus Human Resources. Und der Betriebsrat muss an Bord, sonst gibt es nur Friktionen.

„Und was ist mit uns?" fragt Wim dann nachdenklich? „Wenn der berühmte Fisch vom Kopf her stinkt, dann müssen wir doch auch daran arbeiten, oder?" und guckt in die Runde. „Und auch das ist ein Projekt, ein ganz persönliches!"

„Coach yourself to change", antwortet Karla lächelnd, „ich bin ganz bei Ihnen!" Alle schauen erwartungsvoll auf Karla. „Der heutige Tag war vollgepackt. Mein Vorschlag wäre, dass Sie alle das sacken lassen und in den nächsten Tagen für sich persönlich überlegen, welche Change-Agenda Sie eigentlich für sich sehen."

„Dann würde ich sagen, diese Agenda reflektieren wir jeweils in einer persönlichen Session mit Ihnen, Frau Furrer. Und dann sehen wir weiter ..." schlägt Wim vor.

Damit sind alle einverstanden, wissend, dass das nun wirklich ein Experiment für Solution und jedes einzelne GF-Mitglied wird.

Karla Furrer fährt mit dem Auftrag nach Hause, das Projekt genauer auszuarbeiten und natürlich einen Kostenvoranschlag zu machen.

Anschließend stellt Paula ihre HR-Strategie vor. Sie berichtet, wie sie vorgegangen ist, wie sie das Team einbezogen hat, dass es ein echtes Gruppenergebnis ist, hinter dem alle HR-Kollegen und Kolleginnen stehen. Und dann beschreibt sie im Grunde, was die GF gerade diskutiert hat und welche HR-Projekte sie – mit welcher Priorität – auf den Weg bringen würde, um die Kulturveränderung mit Leben zu füllen.

„Kannst Du hellsehen?" fragt Philippina und lacht. Paulas Präsentation ist ein Selbstläufer. Sie bekommt den Auftrag, für alle HR-Teilprojekte jeweils eine Projektskizze auszuarbeiten:

- Ziele
- Vorgehensweise
- Stakeholder
- Ressourcen
- Zeitplan
- Kosten

Und abgeleitet aus den Ergebnissen der Kulturanalyse würde dann priorisiert!

Punktlandung, die Klausur ist um 17.00 Uhr wie geplant abgeschlossen. Müde und gleichzeitig voller Energie fahren alle nach Hause.

## Literatur

Krumm, R. (2017). 9 Levels of Value Systems (3. erw. Aufl.). Mittenaar-Bicken: werdewelt Verlags- und Medienhaus GmbH.

Krumm, R. & Parstorfer, B. (2014). Clare W. Graves: Sein Leben, sein Werk. Mittenaar-Bicken: werdewelt Verlags- und Medienhaus GmbH.

# Episode 3 – Das mittlere Management an Bord holen

Wim nutzte das sowieso anstehende quartalsweise Management-Update, bei dem alle Abteilungsleitungen zusammenkommen, in der Regel die Quartals-Zahlen vorgestellt und diskutiert werden sowie über aktuelle Themen aus dem Unternehmen gesprochen wird, um sowohl über die GF-Klausur im Allgemeinen zu berichten als auch das Kultur-Projekt vorzustellen (Abb. 1). Im Vorfeld hatten alle GF-Mitglieder bereits in ihren Bereichsrunden darüber gesprochen, um die Führungskräfte „anzuwärmen", dass da etwas kommt und um schon einmal den Grad der Offenheit und der Skepsis einzufangen.

„OK, offene Diskussion, was denkt Ihr darüber?" fragte Wim nach seiner Einführung in das Thema und lehnte sich entspannt zurück. Wie erwartet war alles dabei: von ausgeprägter Interessiertheit und „da habe ich auch schon mal drüber gelesen" bis hin zu „welcher Berater möchte sich denn da eine goldene Nase verdienen?" Am Ende konnten alle

**Abb. 1** Das mittlere Management an Board holen

überzeugt werden, sich auf den Fragebogen und den Workshop einzulassen. Parallel würde eine Kundenbefragung stattfinden, um auch die Außenperspektive einzufangen. Beides würde im Workshop mit Karla Furrer aufgenommen werden.

Der Workshop mit den Führungskräften wurde sorgsam vorbereitet. Der sogenannte „sense of urgency" musste geweckt werden. Allen beteiligten Führungskräften musste deutlich werden: Wenn wir jetzt nichts tun, ist es zu spät, wir müssen jetzt mit der Veränderung beginnen, sonst kriegen wir die berühmte Kurve nicht mehr und werden nachhaltig schwächer und weniger wettbewerbsfähig. Ziel des Workshops ist es

- das Glitzern in den Augen der Führungskräfte zu erzeugen, den Wunsch, das Unternehmen signifikant nach vorne zu bewegen
- die Gründe dafür klar im Kopf zu haben und damit fähig zu sein, jederzeit mit den Mitarbeitenden in die Diskussion zu gehen
- ein „buy-in" herzustellen, das heißt, die ersten Projekte zu definieren und Verantwortung dafür zu übernehmen, entweder in der Projektleitung oder in der aktiven Mitarbeit

- persönlich in die Reflexion zu eigenen Veränderungsthemen zu kommen: Welche meiner Seiten muss ich stärken, woran möchte ich arbeiten? Mein persönliches „Coach yourself to change!"

Wichtig war ihnen auch, einen Ort für den Workshop zu finden, der Veränderung ausstrahlt oder in der DNA hat. Paula stieß auf eine in ein Tagungszentrum umgebaute 900 Jahre alte Kirche mit angrenzendem Hotelneubau. Alle waren begeistert. Besser ließ sich kaum zeigen, wie der Sinn eines Ortes komplett neu definiert werden kann und trotzdem ein gehöriges Quäntchen von dem, was früher dort gelebt worden ist, nämlich Besinnung auf das Wesentliche, fortleben konnte.

Karla und Paula arbeiteten an der Agenda. Der Vorschlag sieht folgendermaßen aus:

- Einstimmung der Teilnehmenden, erste Reaktionen auf den Tagungs-Ort, Impulse einsammeln für den Workshop
- Finanzkennzahlen einmal anders – eine kreative Rechnung mit best- und worst-case scenario
- Kundenbefragung: Ergebnisse und ebenfalls best case – worst case scenario
- Arbeit in zwei Gruppen am worst case: Die Solution GmbH in 10 Jahren – bankrott, alle Mitarbeitenden entlassen, alle Kunden verloren, das Unternehmen am Ende. Was muss das Management-Team tun, um das zu erreichen?
- Dann: Sammlung von Handlungsfeldern, erste Priorisierung, Konkretisierung von 3 präventiven Handlungsfeldern für die Zukunft
- Vorstellung des Kulturmodells, basierend auf der Diskussion: Wo seht ihr die Solution GmbH? Präsentation der Fragebogenergebnisse und Abgleich

- Unternehmenskultur und Handlungsfelder: Was ist zusätzlich zu Priorität 1 bis 3 zu tun?
- Zusammenfassung der Ergebnisse, Projektplanung, Kommunikationskonzept (Mitarbeitende, Betriebsrat, Kunden, …), Verantwortlichkeiten und Steuerungskreis
- Persönliche Ebene herstellen: Was heißt das für mich und mein Führungshandeln?
- Feedback

„Puh, ganz schön tough", sagt Paula im Video-Call zu Karla, „das ist neu für das Unternehmen, das wird alle fordern und hoffentlich begeistern. Ich kann mir aber auch gut vorstellen, dass der ein oder andere sich überfordert fühlen wird. Das Sicherheitsbedürfnis, dieses „ich möchte im bekannten Fahrwasser fahren" ist doch bei einigen sehr ausgeprägt.

„Das ist doch ganz normal", antwortet Karla, „und natürlich wird es für die eine oder den anderen auch schmerzhaft werden. Das gehört dazu. Und es ist meistens nicht so, dass du alle mitnehmen kannst. Es ist eben auch eine richtige Entscheidung, sich auf das Neue einzulassen oder auch nicht. Da müsst ihr realistisch sein."

Als Personalerin hat Paula natürlich den Anspruch, alle mitzunehmen, gleichzeitig wissend, dass das nicht nur in ihrer Hand liegt, sondern immer eine Entscheidung und die Haltung jeder und jedes einzelnen ist, sich selbst und das eigene Tun zu verändern.

### Selbstwirksamkeit – ein psychologisches Konzept zu persönlicher Haltung und Steuerung

Albert Bandura (2023, editiert von Daniel Cervone), ein amerikanischer Psychologe, hat viel zum Thema „Selbstwirksamkeit" geforscht und geschrieben. Was ist mit dem Begriff gemeint? Selbstwirksamkeit ist die individuelle Überzeugung davon, selbst etwas bewirken zu können, durch das eigene Verhalten etwas zu beeinflussen und mit diesem Verhalten etwas zum Erfolg führen zu können.

Bandura kennzeichnet den Menschen generell als ein Wesen, das etwas hervorbringt, kreativ ist, proaktiv und reflektiert, nicht nur reaktiv.

Je ausgeprägter die individuelle Überzeugung der Selbstwirksamkeit ist, umso mehr trauen die Menschen sich auch selbst zu und umso höher ist die Wahrscheinlichkeit, tatsächlich auch erfolgreich zu sein. Damit ist nicht gemeint, die eigenen Fähigkeiten zu überschätzen und entsprechend etwas zu beginnen, das aufgrund mangelnder Kompetenz zum Scheitern verurteilt ist. Selbstwirksamkeit beinhaltet eine realistische Selbsteinschätzung.

Warum schreibe ich das hier? Im Change Prozess spielt Selbstwirksamkeit eine große Rolle: Ich übernehme Verantwortung für meinen Teil der Veränderung, entscheide mich dafür oder dagegen. Ich bin nicht Objekt der Veränderung, sondern Subjekt und aktiv tätig. Und ich entscheide auch, was ich dazulernen oder bei mir persönlich verändern möchte.

Alles, was im Change Prozess diese Grundfähigkeit des Menschen fördert und aktiviert, fördert auch die Veränderung des Unternehmens insgesamt.

Ein zweiter Aspekt, das hat Paula besonders im Blick, ist das Menschenbild, das im Unternehmen herrscht und das die Führungskräfte im Kopf haben. Je nachdem, was ich über den Menschen und seine Motivation in der Arbeitswelt denke, verhalte ich mich als Führungskraft, und das ist besonders im Change Prozess sehr wichtig. Und auch hierzu hat sich die Psychologie eine Reihe von Gedanken gemacht.

**Das Menschenbild und die Bedeutung für die Gestaltung von Change Prozessen**

Nachfolgend einige generelle Gedanken zum Menschenbild in der Psychologie. Eberhard Ulich (siehe auch Ulich 2011), ein deutscher Psychologe, lehrte viele Jahre als Professor an der ETH in Zürich. In seinem Lehrbuch zur Arbeitspsychologie hat er die Entwicklung des Menschenbildes in der Industrie über die letzten Jahrzehnte und dessen Bedeutung für die Gestaltung der Arbeit nachgezeichnet: Das Menschbild der Arbeitswissenschaft und der Arbeitspsychologie hat sich in den letzten 100 bis 120 Jahren sehr verändert. Die ein oder andere Überzeugung ist jedoch in der Allgemeinheit noch immer sehr verbreitet, von daher hier ein kleiner Abriss der Geschichte und damit auch Hinweise dazu, wie man Menschen im Veränderungsprozess sehen und auf Augenhöhe begegnen kann.

Taylorismus und Homo oeconomicus: Im Taylorismus, also zu Zeiten des Aufbaus der ersten Fabriken, ging man davon aus, dass es am effektivsten ist, die Arbeit in möglichst kleine, gleichförmige Stücke zu zergliedern und Menschen die Verantwortung und Entscheidung über ihr Tun abzunehmen. So wurden in den neuen Fabriken arbeitsteilig große Stückzahlen des gleichen Produktes hergestellt. Hintergrund war der Gedanke, dass das Motiv für die Arbeit monetär ist, das heißt, Menschen arbeiten, um Geld zu verdienen, nicht mehr und nicht weniger. Führung hat die Aufgabe der Kontrolle.

Der Mensch als Individuum: In der darauffolgenden individualwissenschaftlichen Stufe der Arbeitswissenschaft kam das menschliche Individuum mit seinen besonderen Potenzialen, die es zu fördern gilt, in den Blick. Es ging um Eignungsdiagnostik, die Passung zwischen dem Menschen und der Aufgabe, um Lernen und Entwicklung sowie um die Gestaltung der Arbeitsbedingungen, sodass Menschen in der Arbeit nicht zu schnell ermüdeten und langfristig gesund blieben.

Gruppenwissenschaft und Social Man: Verschiedene Studienergebnisse zeigten den Effekt, dass Menschen im Team und aufgrund positiver Aufmerksamkeit, die sie bekamen, bessere Arbeitsergebnisse erbrachten. Menschen wurden als soziale Wesen definiert, und dieser Faktor wurde als wesentliche Motivation für die Arbeit angesehen. Man begegnet anderen bei der Arbeit und erstellt gemeinsam ein Produkt. Arbeitsklima und die Fürsorge durch die Führungskraft waren wesentliche Faktoren für die Effizienz der Arbeit.

Selbstverwirklichung und Aktionswissenschaft: In den Unternehmen wurde immer deutlicher, dass Menschen mit einfachen Arbeitstätigkeiten unzufrieden sind und Leistung zurückgehalten wird, weil die Aufgaben zu einförmig und monoton waren. Das führte zu einem Menschbild, das Selbst-

> verwirklichung und psychologisches Wachstum in den Vordergrund rückte. Menschen arbeiten, um sich selbst weiterzuentwickeln. In der Arbeitsgestaltung ging es entsprechend darum, das sozio-technische System (also den Zusammenhang von Werkzeug und Technik einerseits und den Arbeitsteams andererseits) zu gestalten, also die Technik auf der einen Seite und die Arbeitsorganisation und Arbeitsinhalte auf der anderen Seite gut aufeinander abzustimmen und für hinreichend komplexe Aufgaben für den Menschen zu sorgen. Heutzutage spricht man vom „Complex Man", da alle vorgenannten Aspekte eine Rolle spielen. Natürlich arbeite ich, um das Geld für meinen Lebensunterhalt zu verdienen. Aber das ist eben nur ein Aspekt von mehreren. Für den Change Prozess ist es wichtig zu verstehen, dass ich diese Motive und Bedürfnisse des Complex Man berücksichtigen muss, um Mitarbeitende für die Zukunft begeistern zu können.

Zurück zu unserem Workshop mit den Führungskräften – er beginnt.

Nach der Begrüßung durch Wim und der Einführung durch Karla startet die Reflexion zum Ort, an dem sie tagen. „Du willst aber jetzt nicht aus uns eine heilige Gemeinschaft machen", lästert Markus aus dem Vertrieb, „damit kenne ich mich nämlich nicht aus." Philippina grinst. Solche Kommentare hat sie erwartet. Insgesamt entsteht eine Stimmung gemischt aus Nachdenklichkeit, dem Sehen von Möglichkeiten, aber auch ganz leiser Sorge, was denn noch so alles kommt.

Beate stellt die Zahlen vor:

- Geschäftsentwicklung der letzten 3 Jahre: Keine nachhaltige Umsatz- und Profitabilitätssteigerung, sich intensivierender Wettbewerb und Kampf um die Kunden und Projekte
- Umsatz und Profitabilität bei Schlüsselkunden und Schlüsselprodukten: Unzufriedenheit einiger Schlüsselkunden, zu wenig Innovation, Gefahr, im Ranking abzufallen

- Kostentreiber des Unternehmens
- Prognose und Erwartungen für die nächsten 3 Jahre
- Worst Case – Scenario
- Profitabilitätshebel
- Offene Flanken, die durch neue Geschäftsfelder geschlossen werden könnten

Die Augen von Albert Einstolz als Entwicklungschef beginnen zu leuchten. Normalerweise interessieren ihn die Zahlen nicht, aber hier wittert er Morgenluft für Forschungsoptionen und Produktinnovation ….

Philippina berichtet von der Kundenbefragung. Es war eine tolle Reise. Sie haben eine aussagefähige Stichprobe an Kunden besucht und persönlich befragt.

Wesentliche Fragen waren:

- Womit seid ihr zufrieden? Wo seht ihr unsere Stärken?
- Wo erwartet ihr besseren Service und bessere Erreichbarkeit?
- Was müssten wir tun, um euch als Kunde zu verlieren? (worst case)
- Was braucht ihr in 5 Jahren, und was erwartet ihr dann von uns?
- Was können wir in der gemeinsamen Kommunikation weiterentwickeln?
- Was wünscht ihr euch für die weitere Zusammenarbeit?

Ihre Offenheit ist honoriert worden, die Kunden kamen mit der gesamten Bandbreite an Anregungen, angefangen von ganz simplen Tipps zur Weiterentwicklung des Online-Angebotes auf der Webseite über konkrete Anforderungen an bestehende Produkte und an Neuentwicklungen bis hin zu Themen der Zusammenarbeit (gemeinsame Workshops, mehr Interaktion mit den Fachabteilungen des Kunden, mehr Partnerschaft).

Pause, alle sind erst einmal reif für Snack, Tee und Kaffee. Die Geräuschkulisse vor dem Tagungsraum spiegelt die Intensität der Eindrücke.

Anschließend moderiert Karla die Gruppenarbeit zum Scheitern des Unternehmens an: „Wir schreiben das Jahr 20xx + 10. Die Solution GmbH ist gescheitert. Ihr sitzt im zentralen Besprechungsraum zusammen und reflektiert: Was haben wir gemacht, welche Gründe haben dazu geführt, dass Solution so scheitern konnte?"

Die Debatte in den beiden Arbeitsgruppen ist emotional, engagiert, lustig, auch schmerzhaft und vor allem konstruktiv (Abb. 2).

Bei der Präsentation der Ergebnisse sind wirklich alle wach und hören sehr aufmerksam zu.

„OK, wenn wir uns jetzt die Finanzkennzahlen und die Ergebnisse der Kundenbefragung anschauen und das zusammenfügen mit dem Worst-Case-Scenario: Was leitet ihr daraus ab?"

**Abb. 2** Führungskräfte-Workshop

Um es abzukürzen, wesentliche Ergebnisse waren:

- Der angestammte Markt wird immer kompetitiver, aus Spezialprodukten werden Standardprodukte, Margen sinken. Produktinnovationen und neue Märkte müssen her.
- Wir verlieren viel zu viel Energie an der Schnittstelle zwischen Produktion und Vertrieb, und unsere Prozesse sind nicht digital genug. Das ist ein technisches Thema, aber auch ein sehr menschliches.

„Das sind zwei Großbaustellen!" sagt Wim. „Das Gute ist: Wir scheinen eine große Einigkeit darüber zu haben!" Er blickt in viele zustimmende Gesichter.

Jetzt ist erst einmal eine längere Verdauungs-Pause wichtig, bevor es mit der Diskussion zur Unternehmenskultur weitergeht. Da tun sich einfach große Baustellen auf, die nicht in wenigen Monaten abgearbeitet werden können. Das sind Projekte, die definiert werden müssen. Das ist viel Arbeit. Das Gute ist: Die Dinge kommen auf den Tisch, für alle sichtbar. Und jeder und jede wird einen Teil davon gestalten müssen (und wollen), das ist sehr klar!

Nach der Pause stellt Karla Furrer das Modell zur Beschreibung der Unternehmenskultur, der Werte und typischen Kompetenzen je Kulturlevel vor und fragt nach der Einschätzung: „Wo seht ihr die Solution GmbH? Wo liegen eure Hauptausprägungen? Welche Werte machen euch heute aus?"

Anschließend schauen sich alle gemeinsam das Ergebnis der Fragebögen an: Wie haben sie als Führungskräfte die Solution GmbH beschrieben? Es gibt eine hohe Übereinstimmung. Im Grunde sind sich alle einig: Regeln und Prozesse sind wichtig. Schön ist es, sie in den Vordergrund zu schieben. Das entlastet von individueller Verantwortung. Und am liebsten arbeitet man in Harmonie miteinander. Kon-

## Episode 3 – Das mittlere Management an Bord ...

flikte offen und transparent auszutragen und professionell zu bearbeiten – bloß nicht. Das könnte ja weh tun. Dinge auszuprobieren, einfach mal zu machen – besser nicht.

Klar ist: Das reicht nicht aus, um die Ziele für die Zukunft zu erreichen. Wir brauchen:

- mehr individuelle Übernahme von Verantwortung, das heißt aber auch, Verantwortung zu delegieren
- mehr Mut zu Innovation, mehr kalkulierte Risiken, bedeutet gleichzeitig den offenen Diskurs darüber und das Commitment, gemeinsam hinter der Entscheidung zu stehen, auch wenn's nicht geklappt hat!
- mehr Kundennähe und dazu, die extra Meile für den Kunden zu gehen

Und jetzt?

„Ich würde gerne alle Mitarbeiter und Mitarbeiterinnen befragen, herausfinden, wie sie das sehen, und das sehr breit im Unternehmen thematisieren. Und dann müssen wir anfangen, so zu arbeiten! Ich würde die nächste Betriebsversammlung dafür nutzen. Was meint ihr?" fragt Wim und blickt in alle Gesichter.

Es gibt einen breiten Konsens in der Runde. „Paula, lass uns einen Termin mit dem Betriebsrat organisieren. Den brauchen wir jetzt an Bord," schlägt Wim vor.

Nach einer weiteren Pause geht es dann um den sehr persönlichen Teil. Was heißt das alles für mich als Führungskraft, welche neuen Herausforderungen ergeben sich basierend auf der Kulturanalyse für mich, und was hat das mit mir als Person zu tun?

Es wird verabredet, dass Karla Furrer mit jedem Abteilungsleiter bzw. jeder Abteilungsleiterin ein individuelles Rückkopplungs-Gespräch zur persönlichen Werte- und Kulturanalyse führt. Und das wird sie auch mit der Geschäftsführung so machen: Es lebe das Vorbild!

Zur Vorbereitung auf das Gespräch mit Karla gilt es, individuell folgende Fragen zu beantworten:

> **Coach yourself to change**
>
> Veränderung passiert immer auf zwei Ebenen: Einerseits verändern sich die Rahmenbedingungen oder die Unternehmens-Situation und andererseits reagiere ich als Person darauf und stelle mich darauf ein. Das heißt, ich verändere bei mir etwas. Das kann ganz einfach sein, indem ich aus dem vorhandenen Wissen und Methodenkoffer schöpfe und eine Lösung entwickele, oder indem ich dazulerne und möglicherweise ganze Kompetenzbereiche umbaue, um nach wie vor erfolgreich zu sein. Möglicherweise muss ich auch an meinen eigenen Haltungen arbeiten, ggf. mein Menschenbild in Frage stellen und darüber nachdenken, für wie selbstwirksam ich mich halte (… bin ich es oder sind es immer die anderen …?).
>
> Wie kann ich meinen eigenen Veränderungsprozess zielgerichtet auf den Weg bringen und dafür sorgen, dranzubleiben:
>
> - Mein Anlass für Veränderung, wo tut es weh, wo drückt der Schuh?
> - Was würde passieren, wenn ich nichts tue?
> - Meine Veränderungsziele und woran kann ich die Zielerreichung konkret auf der Ebene meines eigenen Verhaltens oder der Reaktion anderer messen?
> - Bin ich damit erfolgreicher oder wirkungsvoller in meinem Tun?
> - Emotionale Bewertung: Geht es mir damit besser, wie fühlt sich das an? Passt das zu mir? Bleibe ich authentisch?
> - Meine nächsten Schritte, welche Zwischen- oder Teilziele nehme ich mir vor? Ganz konkret! Womit beginne ich?
> - Wie sieht mein Zeitplan aus?
> - Wer könnte mich hierbei unterstützen? Wie sorge ich für regelmäßige Reflexion?
>
> Diese Fragen unterstützen den persönlichen Veränderungsprozess.

Das ist wirklich neu für Solution. Das müssen alle verdauen. Diese Art der Reflexion war bislang nicht gefordert, jedenfalls nicht auf diese transparente Art und Weise und als Teil des Führungs-Handelns. Eine spannende Reise beginnt.

Anschließend wird es noch einmal sehr organisatorisch. Es geht um die Projektorganisation und um den Steuerungskreis. Es werden ganz konkrete Verantwortlichkeiten verteilt:

Philippina übernimmt die Leitung für das Projekt „Markt". Albert Einstolz als Entwicklungsleiter ist an Bord.

Tim Tacho wird die Leitung des Prozessprojektes übernehmen. Ben Zuse als IT-Chef ist dabei.

Und Paula wird sich um das Kulturprojekt und die Mitarbeiterbefragung kümmern.

Ferner wird Paula, unterstützt von Karla Furrer, einen Workshop zur Gestaltung der Schnittstelle zwischen Vertrieb und Produktion organisieren. Jeweils zwei Kollegen bzw. Kolleginnen aus Vertrieb und Produktion werden dabei sein.

Der Steuerungskreis wird abgesegnet. Das Change Projekt kann beginnen.

## Literatur

Bandura, A. (2023). Social Cognitive Theory. Edited and with a foreword by Daniel Cervone. Hoboken, New Jersey: John Wiley & sons, Inc.

Ulich, E. (2011). Arbeitspsychologie (7. neu überarb. und erw. Aufl.). Zürich und Stuttgart: vdf Hochschulverlag und Schäffer Poeschel.

# Episode 4 – Den Betriebsrat abholen

Gleich nach dem Workshop mit den Führungskräften nutzt Paula den wöchentlichen Jour Fix mit der Betriebsratsvorsitzenden, Konstanze Schwung, um vom Workshop zu berichten und das Gespräch mit dem gesamten Gremium vorzubereiten (Abb. 1).

**Abb. 1** Paula und Konstanze im BR-Büro

„Wow!" sagt Konstanze nach dem Bericht von Paula, „da weht ja ein ganz anderer Wind im Unternehmen. Da bin ich ja mal gespannt. Dir ist aber schon klar, dass da eine Reihe von Beteiligungsthemen auf den Tisch kommen werden und ihr uns einbinden müsst."

„Es wird ein Projekt, und es ist geplant, dass ihr bzw. du mit im Steuerungskreis sitzt. Außerdem wollen wir sehr regelmäßig kommunizieren bzw. kann das keiner und keine alleine stemmen. Ohne das Wissen und die Expertise der Mitarbeitenden fliegt das sowieso nicht."

Die beiden bereiten die Agenda für die BR-Sitzung vor, bei der vor allem Wim als Vorsitzender der GF präsentieren wird:

- Die aktuellen Zahlen
- Die Ergebnisse der Kundenbefragung
- Die Diskussionsergebnisse der Führungskräfte-Workshops
- Die geplante Kulturbefragung aller Mitarbeitenden
- Das Kommunikationskonzept
- Steuerungskreis und Beteiligung des Betriebsrats

Am Ende beschließen sie, gleich eine gemeinsame Sitzung von Betriebsrat und Wirtschaftsausschuss zu organisieren. Es gibt sowieso viele Überlappungen bei den Gremienmitgliedern, und dann haben sie beide Instanzen einbezogen.

Parallel bereitet Paula eine Information der Mitarbeitenden vor, die gleich nach der BR- und Wirtschaftsausschuss-Sitzung im Intranet veröffentlicht werden soll. Außerdem gibt es eine Präsentation für die Abteilungen, die in den Team-Besprechungen diskutiert werden soll. Dann sind alle auf dem gleichen Stand.

„Jetzt muss ich mir aber überlegen, welche Rolle ich hier eigentlich spiele", denkt Paula laut in ihrer HR-Teamrunde nach. „Tja, lass dir nicht zu viele Affen auf die Schulter setzen. Du bist ja nicht DIE Kommunikatorin des Change

## Episode 4 – Den Betriebsrat abholen

Prozesses. Letztendlich muss doch jeder und jede diese Rolle einnehmen", kommt es aus dem Team zurück. Paula nimmt diesen Gedanken mit und setzt ihn auf die Agenda für das nächste Gespräch mit Wim: Wir brauchen ganz viele Change Agents im Unternehmen, und mindestens alle Führungskräfte haben künftig diese Funktion. Und darauf sind nicht alle gut vorbereitet. Die Rolle muss diskutiert werden, und es braucht Workshops dazu.

Paula hat aktuell eine Praktikantin in der Personal-Abteilung, und die beauftragt sie, sich ein peppiges Konzept für die Information im Intranet auszudenken und das Präsentationsmaterial für die Teambesprechungen in den Abteilungen vorzubereiten. Es braucht einfach frischen Wind von außen.

Die BR- und Wirtschaftsausschuss-Sitzung steht an. „Guten Morgen, allerseits", begrüßt Wim Wendig die Runde. „Spannende Themen haben wir heute auf der Agenda!" Zunächst herrscht abwartende Stimmung, frei nach dem Motto: Was kommt denn da von der Geschäftsführung? Das sind ja ganz neue Töne.

Beide Gremien sind insgesamt wohlwollend, was die Geschäftsführung betrifft. Es gibt keine großen Konflikte, sondern eher eine konstruktive Zusammenarbeit zwischen Geschäftsführung und Betriebsrat. Natürlich ist man sich nicht in allen Punkten einig. Aber Profilierung einzelner Gremienmitglieder ist nicht auf der Tagesordnung, die Mitglieder sind eher sachorientiert unterwegs. Paula und Konstanze achten sehr darauf, wirklich auf Augenhöhe miteinander zu arbeiten. Der Betriebsrat hat zu dem Thema „Zusammenarbeit mit der Geschäftsführung und Machtspiele" sogar einmal ein Seminar besucht, und das hat viel dazu beigetragen, das Pokern zu unterlassen und sehr themenorientiert unterwegs zu sein.

Die Vorstellung der Unternehmenskennzahlen und die Ergebnisse der Kundenbefragung führen aber dann doch zu heftigen Diskussionen. Der Vorwurf wird laut: Hat die Geschäftsführung etwas verpasst? Und die Frage, die gleich anschließend folgt: Sind Arbeitsplätze in Gefahr?

Paula beruhigt die Diskussion: „Denkt an unsere Alterspyramide. Ihr habt die Zahlen. In den nächsten 10 Jahren werden wir jedes Jahr – je nachdem, wie die einzelnen Mitarbeitenden sich konkret entscheiden – ca. 5 bis 8 % der Belegschaft verlieren. Ihr wisst genau, wie sehr wir rotieren, um neue Kollegen und Kolleginnen zu rekrutieren. Also da müsst ihr euch keine Sorgen machen. Was wir wirklich brauchen, ist mehr interne Rotation, Durchlässigkeit zwischen den Abteilungen und entsprechende Weiterbildung. Aber da sind wir ja dran!"

Beim Thema Kulturanalyse und Mitarbeiterbefragung wird es dann richtig spannend. Neben den klassischen Sorgen wie Datenschutz, Schutz personenbezogener Daten entsteht eine sehr engagierte Diskussion über das Thema. „Also, wir müssen das nicht jetzt entscheiden, aber was haltet ihr davon, wenn wir für uns selbst, für unser Gremium auch eine Kulturanalyse machen. Wir müssen doch die neue Kultur wesentlich mitgestalten. Da sollten wir auch wissen, wo wir stehen!" schlägt Konstanze vor, ohne das vorher abgestimmt zu haben.

Irritierte Blicke wandern durch den Raum, aber Konstanze merkt, dass es in den Köpfen rotiert. „Lasst uns das Thema in der nächsten BR-Sitzung aufnehmen."

Die Mitarbeitenden-Befragung zur Kultur fällt insgesamt auf fruchtbaren Boden. BR und Wirtschaftsausschuss bekommen alle notwendigen Rahmeninformationen, um auch den Mitarbeitenden gegenüber auskunftsfähig zu sein.

Dann geht es noch um die nächste Betriebsversammlung, auf der die Befragung zentrales Thema sein soll.

Wim und Paula gehen zufrieden aus dem Gremium.

Die Zeit rennt …

Die Betriebsversammlung steht an. Dieses Mal ist etwas anders eingeladen worden, nicht mit der langweiligen

Agenda in Form eines Word-Dokuments, sondern mit Plakaten, die 2 Wochen vorher überall im Unternehmen aufgehängt wurden. Die Halle, die normalerweise dafür vorbereitet wird, füllt sich. Es sind mindestens 20 % mehr Mitarbeitende gekommen, ein super Signal. Und dieses Mal gibt es keine Stuhlreihen, sondern sie haben Stehtische besorgt, um gleich einen anderen Charakter zu erzeugen und zu zeigen, dass sich eben kulturell sichtbar etwas verändern soll. Auf den Tischen liegen Zettel und Stifte, um Feedback zur Form der Betriebsversammlung und vor allem zur Mitarbeiterbefragung zu geben.

Konstanze macht wie immer die Einführung, den Bericht des Betriebsrats und übergibt dann an Wim. Alle sind gespannt. „Also, ich gehe dieses Mal nur kurz auf die Zahlen ein, es gibt nur zwei, drei Folien dazu. Dann möchte ich von unserem Kulturprojekt berichten und Sie auffordern, sich an einer breiten Befragung zum Thema Unternehmenskultur beteiligen. Nur wenn alle mitmachen, bekommen wir ein solides Ergebnis."

Wim erklärt das Warum und Wozu der Befragung, erzählt vom Führungskräfte-Workshop und davon, dass sich die Prozesse, die Zusammenarbeit zwischen Vertrieb und Produktion verbessern müssen und vor allem, dass neue Geschäftsfelder eruiert werden sollen.

Es gibt zwar – wie das immer so ist – wenig Diskussion im Anschluss an Wim's Beitrag, aber die vielen Feedbackzettel, die auf den Tischen liegen bleiben und die sie hinterher einsammeln, sprechen für sich: Die meisten spüren so etwas wie Aufbruch, sind gespannt und wollen an der Befragung teilnehmen.

Die Befragung aufzusetzen, ist kein Problem. Jeder und jede bekommt einen Link zugeschickt und kann den Fragebogen in ca. 20 min ausfüllen. Im Fokus steht die aktuelle Unternehmenskultur. Und in der Produktion werden für die Mitarbeitenden ohne eigenen PC in drei Schulungsräumen zusätzliche Rechner aufgestellt, damit auch alle stressfrei teilnehmen können.

Der Betriebsrat hat für sich entschieden, eine separate Auswertung zu bekommen. Sie bewerten neben der Unternehmenskultur auch die Kultur im eigenen Gremium und ihre persönlichen Werte. Wenn schon, denn schon. Und für die Reflexion der Ergebnisse nehmen sie sich einen Tag Zeit, unterstützt durch eine externe Moderation.

In der Zwischenzeit werden die Themen der Betriebsversammlung mit Hilfe der vorbereiteten Materialien aus der Personalabteilung auch in allen Teambesprechungen aufgenommen. Das ganze Unternehmen ist eingebunden. Und in der Kantine wird informell viel diskutiert ….

Dann liegen die Befragungsergebnisse vor, und Karla Furrer stellt sie ausführlich in der Geschäftsführung vor. Wen wundert es: Es gibt generell eine hohe Übereinstimmung zwischen den Einschätzungen der GF und der Führungskräfte einerseits und denen der Mitarbeitenden andererseits. Die Mitarbeitenden betonen allerdings stärker die Regelorientierung und teilweise „Schwerfälligkeit" der Organisation und die Langsamkeit der Entscheidungen. Sie wünschen sich mehr Handlungsspielräume vor Ort und die Möglichkeit für die Teams und die Einzelnen, mehr Verantwortung zu übernehmen. Die Wahrnehmung ist, dass nach wie vor zu viel von der GF entschieden wird.

Nach der Geschäftsführung werden zum einen die Führungskräfte im nächsten Management-Update informiert und natürlich der Betriebsrat.

Die Frage, die sich jetzt stellt, lautet: Was ist konkret zu tun, und wie verzahnen wir die beiden Hauptthemen, also Markterweiterung und Produktinnovation einerseits und Schnittstelle zwischen Vertrieb und Produktion andererseits und die Notwendigkeit der weiteren Digitalisierung mit dem Kulturthema?

## Episode 4 – Den Betriebsrat abholen

Wir müssen einfach anders arbeiten, uns anders verhalten, und die Prinzipien dafür müssen allen klar sein. Und das wird Thema im nächsten Steuerungskreis:

- Teilprojekte ausdifferenzieren
- Kultur- und damit Verhaltensveränderung mit den Projekten verzahnen, das muss Teil davon sein
- Workshops/Trainings vorplanen

# Episode 5 – Der Steuerungskreis und „Coach yourself to change"

Paula und Wim bereiten den Steuerungskreis vor, in dem es darum gehen soll, die nächsten Projektschritte zu strukturieren. Paula spricht das Change Agent – Thema an.

„Mir stellt sich die Frage, wer eigentlich welche Rolle im Change Prozess hat. Klar, Human Resources übernimmt einen wesentlichen Teil, und unserer HR-Strategie folgend, werden wir einige Projekte auf der Agenda haben, die von mir geleitet werden. Ich freue mich sehr darauf. Darüber hinaus ist es aber doch wichtig, dass einfach jeder und jede, heißt alle Mitglieder der Geschäftsführung und alle Führungskräfte, und das sind für mich die Abteilungsleitungen und die Teamleitungen, die Veränderung vorantreiben und besonders in den Kulturthemen ihre Rolle übernehmen. Nicht jeder wird ja eine Projektleitung haben und direkt in ein Projekt involviert sein. Also weißt du: Wie bekommen wir eine durchgängige Dynamik ins Unternehmen, nicht nur einzelne bewegte Inseln?" fragt Paula.

Wim hört aufmerksam zu. „Du hast recht. Wir müssen Veränderungsdynamik ins Unternehmen bringen. Natürlich wird die durch ganz konkrete Projekte erzeugt, die Mitarbeit daran und die Informationen, die wir ins Unternehmen tragen. Aber auf der anderen Seite muss ja klar werden, dass jeder und jede Einzelne Teil des Veränderungsteams sein muss. Und diese Rolle zu beschreiben und mit Leben zu füllen, das ist wichtig. Kannst du mit Karla Furrer sprechen. Und dann nehmen wir das Thema mit in der Steuerungskreis."

„Und es wird so sein, dass jede und jeder eine eigene persönliche Change Agenda haben wird. Sind wir alle perfekt auf den Veränderungsprozess vorbereitet? Nein, eben nicht, das ist ja auch nicht zu erwarten."

Wim nickt und denkt dabei an sich selbst und an seine GF-Kollegen und Kolleginnen: Auch da ist einiges zu tun!

Paula spricht ausführlich mit Karla. Ergebnis ist ein 2-tägiges Seminarkonzept zum Change Agent mit anschließender kollegialer Beratung in Dreier-Teams (Triaden), sodass sich die Führungskräfte nach dem Seminar regelmäßig miteinander über Erfahrungen austauschen, und das sieht folgendermaßen aus:

Inhalte des Seminars:

- Rollenklärung – was sind die Aufgaben des Change Agents, die persönliche Haltung und die Kernkompetenzen: Abholen – Zuhören – Mitnehmen – Konflikte und Widerstände klären – Umsetzen
- Mein persönlicher Change: Was möchte ich bei mir weiterentwickeln?
- Phasen im Change: organische Phasen, die es eigentlich immer gibt; disruptiver Change und Umgang damit
- Die Gesprächsarten im Change mit Einzelnen und mit dem Team: Aktiv zuhören, Gesprächs-Moderation, Visualisierungs-Methoden, Methoden der Konfliktlösung,

Widerstände verstehen und auflösen; planen, delegieren und nachhalten
- Umsetzungsvereinbarung und bilden der Triaden für den kollegialen Erfahrungsaustausch

Vorgehen:

- Workshop mit der GF: Beschreibung der Rolle des Change Agents für die Solution GmbH, Kernkompetenzen des Change Agents, Umsetzung ins Tun
- Schulung der Führungskräfte (Teamleitungen und Abteilungsleitungen gemeinsam, Beitrag zum Hierarchieabbau)

„Das sieht gut aus. Damit können wir in den Steuerungskreis gehen!" sagt Paula und ist ausgesprochen zufrieden.
Der Steuerungskreis hat schließlich folgende Agenda:

- Ergebnisse der Kulturanalyse und wie kommen wir von A nach B?
- Die Rolle des Change-Agent bei Solution
- Projekt neue Produkte – neue Märkte
- Projekt Schnittstelle Vertrieb – Produktion
- Projekt Digitalisierung und IT-Sicherheit
- Die Helikopter-Perspektive: Wo stehen wir wirklich?
- Sind die Themen gut miteinander verzahnt (Technik – Prozesse – Kultur)?

**Aufgabe und Bedeutung von Steuerungskreisen im Change**

Change Projekte sind eben auch „Projekte", das heißt, man kann viele Elemente aus dem Projektmanagement nutzen, um den Change zu unterstützen. Was kann die Rolle des Steuerungskreises sein?

- Zielklärung und „Schärfung": Was wollen wir langfristig „wirklich" erreichen?
- Planung: Teilprojekte definieren, Meilensteine setzen
- Controlling: Fortschritts-Evaluation und Rückmeldung zum Vorgehen
- Reflexion: Helikopter-Perspektive einnehmen, von internen Abhängigkeiten der Projektbeteiligten unabhängiges Feedback geben, immer wieder zum Lernen anregen

Im idealsten und besten Sinne haben Steuerungskreise auch eine Coaching-Funktion für das Projekt und bieten ein Diskurs-Forum.

Mit dabei im Steuerungskreis (Abb. 1) sind zunächst neben der gesamten Geschäftsführung Paula für HR, Albert Einstolz für die Entwicklung, Ben Zuse für die IT, Konstanze für den Betriebsrat und Karla Furrer als externe Projektunterstützung. Das Meeting ist für einen ganzen Tag angesetzt ….

**Abb. 1** Der Steuerungskreis in Aktion

## Episode 5 – Der Steuerungskreis und ... 47

Neun Uhr morgens, die Stimmung im Steuerungskreis ist aufgeräumt, Karla Furrer präsentiert noch einmal die Ergebnisse der Mitarbeitenden-Befragung und die Hauptthemen, die sich daraus ergeben:

- In die Verantwortung gehen – Empowerment der Mitarbeitenden verstärken: methodisch zum Beispiel durch Einführung von Gruppenarbeit, Qualitätszirkel, Kontinuierliche Verbesserungsprozesse
- Potenziale analysieren und stärken, Potenzial der Mitarbeitenden in Projekten einsetzen, Change Agents etablieren
- Kundenorientierung erhöhen: Miniworkshops in allen Bereichen, Thematisierung der Ergebnisse der Kundenbefragung, wer ist eigentlich mein Kunde – innerhalb des Unternehmens in der Prozesskette und der Endkunde außerhalb des Unternehmens, Projekt Schnittstelle Vertrieb-Produktion
- Innovationsfähigkeit erhöhen, mehr Mut zu ungewöhnlichen Wegen, mehr kalkuliertes Risiko: Innovationsmethoden einführen, neue Vorgehensweisen in der Risikoanalyse etablieren, Projekt neue Produkte – neue Märkte

„Wir können nicht alles gleichzeitig machen, sonst übernehmen wir uns", ist die einhellige Meinung. „Wir lassen das erst einmal so stehen und diskutieren zunächst die anderen Themen (Abb. 1). Die Entscheidung über das konkrete Vorgehen und die Zeitschiene fällen wir am Ende."

Paula stellt das Konzept zum Change Agent vor. Es ist für alle komplett nachvollziehbar. Diese Rolle braucht das Unternehmen bzw. sie ist einfach Teil der Führungsrolle. Change wird permanent bleiben, von daher ist dies eine Schlüsselkompetenz jeder Führungskraft.

„Coach yourself to change", sagt Karla, „Das klingt vielleicht abgedroschen, aber wir müssen ja immer bei uns selbst anfangen, jeder und jede Einzelne von uns!"

Alle gucken zuerst etwas betroffen, aber dann wird in der anschließenden Diskussion sehr schnell klar, dass das der Weg ist.

Philippina und Albert stellen ihr Vorgehen zu Produktinnovation und neuen Märkten vor. Der erste große Schritt ist noch einmal eine Markt-, Wettbewerbs- und Trendanalyse, und Albert wird die Pipeline der Produktinnovationen für das nächste Mal ausführlich vorbereiten.

Dann geht es um die Schnittstelle zwischen Vertrieb und Produktion, und Philippina und Tim Tacho schauen sich an. Man kann die Spannung in der Luft fast sehen!

Tim macht den Anfang: „Wir brauchen einen anderen Prozess bei der Projektgewinnung. Die Produktion muss früher an Bord. Und wir brauchen andere Regeln in der Auftragssteuerung. Der Vertrieb mischt sich zu oft ein. So verlieren wir Effizienz und Produktivität. Ich glaube, es braucht eine Art Steuerungs-Runde aus Vertrieb und Produktion, die wöchentlich tagt und sich austauscht. Es müssen einfach Regeln her, was nicht heißt, dass wir starr werden."

Philippina überlegt. „OK, ich würde vorschlagen, wir etablieren ein paritätisch besetztes Team, Karla Furrer übernimmt die Moderation, und dieses Team analysiert die Prozesse, nutzt best-case und worst-case-Beispiele aus der Vergangenheit und entwickelt einen Vorschlag."

Die Luft fühlt sich gleich viel entspannter an. So wird es entschieden.

Anschließend ist Ben Zuse mit dem Digitalisierungsthema an der Reihe. „Wenn wir die neue Version für die Produktionssteuerung einführen, werden erst einmal eine Reihe von Leuten komplett absorbiert sein. Ich brauche Ressourcen."

„Dann können wir es vergessen, uns mit Qualitätszirkelmethoden und Kontinuierlichem Verbesserungsprozess zu beschäftigen, dafür haben wir einfach vorerst keine Zeit."

„Es sei denn, ihr macht das Projekt etwas anders und bindet die Mitarbeitenden von Anfang an besser ein, fragt nach Vorschlägen. Klar wollt ihr Standardsoftware einführen, trotzdem braucht es ja eine Konfiguration für unsere Produktion" meint Paula und erzeugt nachdenkliche Gesichter. „Weg und Ziel müssen zusammenpassen. Entweder werden die Mitarbeitenden stärker in die Verantwortung genommen, oder sie übernehmen sie nie."

„OK", sagt Tim, „Ben, was meinst du? Wir setzen uns hin und machen einen Projektplan, bei dem wir bei jedem Schritt mit überlegen, wie Mitarbeitende eingebunden und optimal informiert werden können."

„Super", sagt Karla, „die Veränderung der Kultur kommt eben nicht als Projekt oben drauf – klar bei Trainings oder wenn es darum geht, Grundlagen zu legen wie beispielsweise Rollen zu definieren – aber danach ist es Teil des Tuns und soll es doch leichter machen."

In Summe heißt das für die Planung:

- Neue Produkte – neue Märkte: Markt-, Wettbewerbs- und Trendanalyse sowie Aufbereitung der Innovations-Pipeline
- Team Schnittstelle Vertrieb-Produktion, Etablierung Steuerungskreis und Regeln, ohne zu starr zu werden
- Projekt neue Produktionssteuerung mit allen Elementen der Mitarbeiterbeteiligung und Information, laufendes Controlling der Nutzung dieser Elemente
- Change Agent – Workshop für die GF und anschließend für alle Führungskräfte, Kommunikation der neuen Führungs-Rolle ins Unternehmen

Und das ist nach wie vor viel! Das ist allen klar.

Im zweiten Schritt – mittelfristig:

- Miniworkshops zum Thema Kundenorientierung in allen Bereichen
- Einführung Kontinuierlicher Verbesserungsprozess im gesamten Unternehmen, auch hier Schulung der Führungskräfte und Schulung von Moderatoren und Modertorinnen im gesamten Unternehmen
- Aufbereitung von Methoden des Innovationsmanagements und der Risikoanalyse – mit viel Kreativität

Projektpipeline, vor allem aus der HR-Strategie:

- Rollenkonzept Mitarbeitende der Zukunft, wo es passt Einführung von Gruppenarbeit mit mehr Verantwortung vor Ort
- Employer Branding Projekt
- Rollenkonzept Vertrieb – Account Management der Zukunft, Sales-Trainings
- Weiterentwicklung Mitarbeitergespräch
- Einführung Karrierepfade
- Diversity Management
- Gesundheits-Management

„Und was sagen wir aus der Helikopter-Perspektive heraus, erstens zum heutigen Meeting und zweiten zum Veränderungs-Prozess?" fragt Karla.

„Also ich freue mich sehr. Endlich habe ich das Gefühl, wir kommen in der Digitalisierung voran!" sagt Ben Zuse.

„Aber ein bisschen schwummerig ist mir schon! Wir drehen ein großes Rad!" findet Tim Tacho.

„Ich glaube, bei aller Euphorie sollten wir auch ein bisschen demütig sein," meint Wim Wendig. „Es ist viel. Und das sage ich jetzt mal in meiner CEO-Rolle: Wenn sich der

Zeitplan nach hinten schiebt, ist das auch ok, solange wir als Team alle an Bord sind und jeder und jede für sich sagen kann: Das kann ich so gut verantworten."

„Wie sagt man so schön: Der Weg ist das Ziel. Ist schon abgedroschen, passt aber trotzdem," ergänzt Paula.

In Summe: So offen, kreativ, reflektiert und konzentriert haben alle lange nicht miteinander gearbeitet. Wenn dieses Team das ins Unternehmen tragen kann, ist die Hälfte der Miete gewonnen.

# Episode 6 – Ein denkwürdiger GF-Workshop zu „Coach yourself to change"

Karla Furrer hat gemeinsam mit Paula People die Agenda für den Change Agent – Workshop ausgearbeitet und eine Kommunikation an die Führungskräfte vorbereitet. Alle Führungskräfte wurden in ihren Bereichs-Runden von ihrem jeweiligen Vorstandsmitglied informiert, das Thema wurde dort ausführlich diskutiert.

Im Ergebnis gibt es eine große Offenheit dafür und die Erkenntnis: Der Change muss von den Führungskräften ausgehen und getragen werden, sonst wird das nichts! Trotzdem gibt es natürlich eine Reihe von Führungskräften, die dem ganzen verhalten gegenüberstehen, das wurde auch offen geäußert. Total normal, finden alle, das gehört dazu. Durch die Workshops muss erst gezeigt werden, dass das ein guter Weg ist. Und alle wissen, dass die Geschäftsführung mit gutem Beispiel vorangehen muss.

Freitag morgen, der GF-Workshop beginnt. Die Agenda sieht im Überblick folgendermaßen aus:

- Die Rolle der Geschäftsführung im Change Prozess
- Best Practice aus der Vergangenheit – unsere Ressourcen: Worauf können wir schon zurückgreifen?
- Worst Cases: Was müssen wir abstellen, in welche Fallen sind wir immer wieder getappt? (zum Beispiel an der Schnittstelle zwischen Produktion und Vertrieb)
- Eigene Reflexion: Wo stehe ich, was bringe ich mit, was muss ich weiterentwickeln – „nobody is perfectly prepared"
- Meine persönliche Change-Agenda für die nächsten 12 Monate: Coach yourself to change
- Die Erwartungen an die Führungskräfte aus GF-Sicht, und was die Führungskräfte brauchen, um die Rolle gut übernehmen zu können
- Controlling und nächste Schritte

Doch davor zunächst ein paar konzeptionelle Überlegungen zur Veränderung von Verhalten.

### Immunity to change

Kegan & Laskow Lahey (2009), ein amerikanischer Sozialwissenschaftler und eine amerikanische Sozialwissenschaftlerin, haben sich mit Resistenz gegen Veränderung auseinandergesetzt. Was ist das Phänomen? Ein Beispiel: Viele Menschen, die ernsthaft herzkrank sind, Operationen hinter sich haben und dringend ihr Verhalten verändern müssten, also zum Beispiel mehr Bewegung in ihr Leben zu integrieren, aufzuhören zu rauchen, abzunehmen oder ausgewogener zu essen, tun dies nicht, obwohl sie wissen, dass sie ihr Leben damit gefährden. Dies ist vollkommen unlogisch. Was kann die Erklärung für solch ein Verhalten sein bzw. dafür, die notwendige Veränderung nicht umzusetzen?

Kegan & Laskow Lahey haben sich auf die Suche nach der inneren Logik gemacht, die dieses Verhalten erklären

# Episode 6 – Ein denkwürdiger GF-Workshop zu ...

> könnte und sind darauf gestoßen, dass es an irgendeiner Stelle, wenn man das Warum eines Verhaltens oft genug hinterfragt, eben doch eine Logik und einen nachvollziehbaren Grund bzw. einen nachvollziehbaren Vorteil für dieses Verhalten gibt.
>
> Nehmen wir ein sehr sprechendes Beispiel: Marc hatte einen Herzanfall und wiegt 20 kg zu viel. Er hat einen Diätplan. Er ist zu Besuch bei seiner 80-jährigen Großtante, die ihn nach dem Tod seiner Mutter mit großgezogen hat. Sie hat eine Schokoladen-Sahnetorte gebacken, ihr Geheimrezept. Die Herstellung der Torte ist aufwändig, sie hat sie extra für Marc gemacht. Marc sollte keine Torte essen. Er möchte seine Tante jedoch nicht enttäuschen oder gar kränken. Also isst er ihr zuliebe zwei große Stücke davon.
>
> Was macht Marc als Person aus: Er liebt und schätzt seine Großtante über alles und möchte sie auf gar keinen Fall enttäuschen. Marc hasst Konflikte, und es fällt ihm schwer, Feedback zu geben, wenn ihm etwas nicht gefällt. In solchen Situationen hat er Angst, den jeweiligen Menschen, um den es geht, zu enttäuschen oder einen Freund zu verlieren.
>
> Wir haben also sowohl einen Wertekonflikt – Gesundheit erhalten versus andere enttäuschen oder gar verlieren – als auch ein Kompetenzthema, nämlich nicht gelernt zu haben, gut mit Konflikten umzugehen.
>
> Ähnliches Verhalten findet sich natürlich auch im Unternehmen, wenn es um Veränderung geht: Das Warum hinter dem Warum hinter dem Warum führt häufig zu inneren Haltungs- und Wertekonflikten, zu Vor- und Nachteilen, die häufig ja auch gar nicht transparent werden, mehr oder minder bewusst oder klar reflektiert sind. Dies gilt es im Change zu verstehen und damit zu arbeiten – sehr persönlich! Kegan & Laskow Lahey haben diese Logiken in ihrer Beratungs- und Coachingpraxis sehr erfolgreich analysiert und aufgelöst.

Wim, Beate, Philippina und Tim stehen gut gelaunt und entspannt im Workshop-Raum bei Tee und Kaffee zusammen, Karla Furrer hat ihre Flipcharts und Pinwände vorbereitet (Abb. 1). „Lasst uns anfangen, die Agenda ist abgestimmt, eure Rolle als Geschäftsführung im Change Prozess

**Abb. 1** Die Geschäftsführung wird kreativ

ist heute Morgen unser Startpunkt. Mein Vorschlag ist, ihr findet euch zu zweit zusammen und werdet kreativ. Baut, zeichnet, knetet, was am besten beschreibt, wie ihr eure Rolle seht. Anschließend stellt jedes „Paar" sein „Objekt" vor. Es geht nicht um Schönheit, sondern um Ausdruck!" Karla grinst.

Philippina mit all ihrer Kreativität ist begeistert, Beate als eher sachlicher Typ guckt sparsam, die beiden GF-Kollegen machen denn mal so mit. Philippina schnappt sich Wim, Beate tut sich mit Tim zusammen, und die Arbeit beginnt. Heraus kommen kreative Ideen, gezeichnet, gemalt, mit Knete und Lego geformt, mit viel Spaß hergestellt, die Atmosphäre ist entspannt, der Austausch über die Kunstwerke ist lebendig, eine ganz andere Stimmung als bei normalen GF-Sitzungen, die PowerPoint- und Excel-gesteuert verlaufen.

„Das nutzen wir jetzt öfters!" sagt Wim und Beate stimmt mit ihm überein. „Gar nicht so schlecht. Solch eine Technik könnte ich bei einem Workshop mit meinem Team auch einmal einsetzen ..." meint Beate.

Was ist das Ergebnis dieser kreativen Runde? Die Geschäftsführung beschreibt ihre Rolle im Change mit zwei wesentlichen Aspekten:

- Ziele vorgeben und den Kurs halten
- Zuhören und den Kurs korrigieren

So banal es klingt: Stabilität und Flexibilität zeigen – beides sind wesentliche Rollenerwartungen an die Gestalter des Change Prozesses.

„Das freut mich aber sehr", lacht Karla Furrer, „ihr beschreibt eure Rolle genau in der Weise, wie die Arbeitspsychologie es für komplexere Situationen empfehlen würde. Ihr seid sozusagen theorie-konform!" und Karla macht eine kleine Einführung in ein arbeitspsychologisches Konzept, weil es eben gerade so passt.

> **Ein kleiner Exkurs in die Handlungsregulationstheorie und das Konzept des effizient-divergenten Handelns**
>
> Oesterreich (1981) beschreibt, wie Menschen komplexere Ziele erfolgreich erreichen, und das geht so: Bei komplexeren Zielen muss ein sogenanntes Zielprogramm entwickelt werden. Lineare „end-to-end" Planung ist nicht mehr möglich. Man muss sich dem Ziel annähern. Einen ausgearbeiteten Plan kann es nicht geben, die Situation ist zu komplex.
>
> Das endgültige Ziel lässt sich nur über Zwischenschritte oder Zwischen-Ziele, von denen aus immer wieder neu geschaut und geplant werden muss, erreichen. Diese Zwischen-Ziele müssen Stück für Stück entwickelt und antizipiert werden. Es gilt gedanklich zu prüfen, welches der beste Weg (und über welche Stationen) zum Ziel sein kann.
>
> Dabei ist es immer günstiger, wenn Zwischenziele die Möglichkeit bieten, flexibel und mit dennoch hoher Wahrscheinlichkeit über alternative Wege zum nächsten Zwischenschritt oder zum finalen Ziel zu gelangen. Man ver-

> schwendet also keine Energie, indem man ein Stück vor und dann möglicheweise wieder zurückgehen muss, weil der eingeschlagene Weg doch nicht sinnvoll war. Solche Zwischenschritte, die eine hohe Vorgehens-Flexibilität beinhalten und gleichzeitig mit hoher Erfolgswahrscheinlichkeit zum finalen Ziel führen, werden als „effizient-divergent" bezeichnet.
> Von daher ist es immer günstig, ein langfristiges strategisches Ziel zu definieren, auf dem Weg dahin zuzuhören und entsprechend Möglichkeiten zur Kurskorrektur einzubauen.
> Dies ist für jeden Change Prozess essenziell, die Stabilität des Ziels einerseits und die Flexibilität des Weges andererseits. Ein Unternehmen, das sich verändern will, hat parallel sein Tagesgeschäft zu stemmen. Da kann es natürlich unvorhergesehene Herausforderungen geben … Und bei Widerständen, die während des Change-Prozesses entstehen, braucht es mehr Zeit, um diese zu klären und wieder auf Kurs zu kommen.

„Ok, eure Rolle habt ihr klar und vor allem einleuchtend beschrieben" sagt Karla. „Jetzt geht es ans ganz konkrete Ausfüllen dieser Rolle. Was bringt ihr persönlich mit, um diese Rolle gut wahrzunehmen, und was müsst ihr noch in euren Werkzeugkoffern ergänzen? Bitte beschreibt dies so konkret und verhaltensbezogen wie möglich … Wir schauen uns dann die jeweilige eigene Einschätzung an und ergänzen anschließend unser Feedback. Jede bzw. jeder hat ein Flipchart, und seid auch gerne kreativ."

Dieses Vorgehen ist auch gewagt. Karla hat die Einschätzung, dass diese Geschäftsführung mittlerweile einen relativ offenen Dialog miteinander entwickelt hat und alle sich auch sagen können, was sie aneinander schätzen, wo sie die absoluten Stärken sehen und wo einfach vor dem Hintergrund der Change-Aufgabe neues Verhalten oder auch eine neue Haltung entwickelt werden muss.

Was sind die Ergebnisse der Einzelnen:

Wim Wendig:

## Episode 6 – Ein denkwürdiger GF-Workshop zu ...

- Meine Stärken: hohe Ziel- und Umsetzungsorientierung, den Kurs halten. Schnelligkeit in der Entscheidung.
- Mein Lernthema: Zuhören. Nicht in die Abwertung anderer gehen, wenn andere mehr Zeit brauchen.
- Die Ergänzungen der GF-Kollegen und Kolleginnen: Wir schätzen deine strategische Kompetenz. Wir wünschen uns mehr Coaching für andere von dir. Andere wollen von dir lernen. Manchmal erschreckst du sie. Gib ihnen Raum.
- Umsetzung: Coaching Skills for Leaders, so ein Workshop-Konzept würde dich weiterbringen.

Beate Banker:

- Meine Stärken: Analyse- und Konzeptionsfähigkeit, Klarheit und Transparenz.
- Mein Lernthema: Perspektivenwechsel, sich in andere hineinversetzen, konstruktives Feedback geben, Entwicklung begleiten.
- Die Ergänzungen der GF-Kollegen und Kolleginnen: Wir schätzen deine Sachlichkeit und deinen trockenen Humor. Du musst nicht immer perfekt sein. Manchmal wirkt deine hohe analytische Kompetenz kühl und macht dich unnahbar. Dann erreichst du die Mitarbeitenden nicht.
- Umsetzung: Reflexion zur Fehlerkultur in deinem Bereich, wissend, dass Fehler eben absolut vermieden werden müssen. Ein Coaching zu deiner Außenwirkung.

Philippina Fly:

- Meine Stärken: Absoluter Business Drive, ich will einfach gewinnen, Kundenorientierung. Kommunikations- und Konfliktfähigkeit.

- Mein Lernthema: Andere nicht überrennen, mehr nach Kompromissen suchen, um darüber auch langfristig mit ausgewogenen Arbeitsbeziehungen erfolgreich zu sein – eben auch mein Lernthema mit der Produktion.
- Ergänzungen der GF-Kollegen und Kolleginnen: Wir lieben deine Energie. Manchmal wäre etwas mehr Ruhe gut. Finde deinen Weg mit der Produktion, das Projekt zur Gestaltung der Schnittstelle zwischen Vertrieb und Produktion ist DER Schlüssel dafür.
- Umsetzung: Persönliches Coaching, ich brauche jemanden, mit dem ich gemeinsam nachdenken kann.

Tim Tacho:

- Meine Stärken: Prozess-Orientierung, Team-Orientierung, mit anderen gemeinsam Ziele erreichen, innovativ sein.
- Mein Lernthema: Konflikte zu managen, das ist nicht meine Stärke. Aber ich weiß mittlerweile intellektuell, dass in Konflikten unglaublich viel Energie für konstruktive Veränderung steckt. Dem werde ich mich jetzt widmen.
- Ergänzungen der GF-Kollegen und Kolleginnen: Du bringst Ruhe und Ausgewogenheit in das GF-Team, das schätzen wir an dir. Du hilfst deinem Bereich mehr, wenn du häufiger in die Offensive gehst, auch wenn das dann eben Geld kostet, weil du Automatisierungsprojekte schneller durchsetzt.
- Umsetzung: Konflikttraining für Manager, anschließend den eigenen HR Business Partner als Sparringspartner nutzen.

Und jetzt? Wim und Philippina sowie Beate und Tim bilden für die nächsten 3 Monate Coaching-Teams. Das heißt, sie treffen sich alle 2 Wochen zum kollegialen Austausch, was die Nutzung der Stärken und die Arbeit an den Lernthemen betrifft. Danach rotieren die Vier in der Besetzung.

Final geht es um die Erwartungen an die Führungskräfte als Change Agents. Einhellige Meinung ist, dass sie im Grunde genommen genauso wie die Geschäftsführung Ziele auf ihren Bereich herunterbrechen und gleichzeitig zuhören und den Kurs korrigieren müssen. Das Thema „Immunity to Change", also das Umgehen mit auf der Oberfläche unlogischem Verhalten und das Verstehen der Logik dahinter, das ist auf alle Fälle eine künftige Kernkompetenz der Führungskräfte.

Ferner sollen die Abteilungsleitungen ja – basierend auf ihrem Debriefing-Gespräch mit Karla Furrer zu ihrer eigenen persönlichen Kultur- und Werteanalyse – einen eigenen „Coach yourself to change – Plan" zusammenstellen. Und das werden und müssen die Vier aus der Geschäftsführung begleiten!

„Es sind Widerstände, die scheinbar auftauchen, Mitarbeitende, bei denen es so aussieht, als würden sie nicht wollen. Doch dahinter steckt eben eine Logik, und die müssen wir verstehen," meint Wim und alle gucken erstaunt, welche Töne so aus seinem Munde kommen.

## Literatur

Kegan, R. & Laskow Lahey, L. (2009). Immunity to Change. How to overcome it and unlock the potential in yourself and your organization. Boston: Harvard Business Press.

Oesterreich, R. (1981). Handlungsregulation und Kontrolle. München: Urban & Schwarzenberg.

# Episode 7 – Karlas Kantinenbesuch und der Change Agent Workshop mit den Abteilungsleitungen

Karla hat vor dem Change-Workshop mit den Führungskräften ein Vorbereitungsgespräch im HR-Bereich und geht, weil Paula keine Zeit hat, mit Maren Eggers, einer HR Business Partnerin in der Kantine Essen (Abb. 1). Für Karla ist das eine willkommene Gelegenheit, das Unternehmen noch besser kennenzulernen und etwas von der Atmosphäre zu schnuppern, gerade, bevor sie den wichtigen Workshop mit den Führungskräften moderiert.

Beide sind mit ihren Tabletts in der Kantine unterwegs. Es ist ziemlich viel los, und da Maren sich gerne einfach mal an irgendeinen Tisch setzt, um mit Mitarbeitenden ins Gespräch zu kommen, die sie noch gar nicht persönlich kennt, schlägt sie vor, das jetzt auch zu tun. Das ist für sie immer eine Bereicherung. Karla ist sehr dafür.

„Dürfen wir uns dazusetzen oder stören wir?" fragt sie an einem größeren Tisch mit fünf Kollegen und Kolleginnen.

„Nö, nö, ist schon ok, setzt euch ruhig hin".

**Abb. 1** In der Kantine lernt man viel

„Danke, ich bin Maren Eggers aus der Personalabteilung," stellt sie sich vor, „und das ist Karla Furrer, die externe Beraterin, die uns gerade bei der Kulturanalyse unterstützt!" „Oh, dann müssen wir ja vorsichtig sein, was wir hier sagen", wirft ein Kollege ein. Maren grinst, Karla schmunzelt. Das kennen beide schon. „Oh weh! Aber vielleicht könnt ihr auch einfach etwas loswerden! Wie fandet ihr denn den Fragebogen zur Kulturanalyse?" wirft Karla in die Runde, und die Debatte beginnt ….

„Also erst einmal fand ich gut, dass wir befragt werden. Das kennt man so gar nicht bei uns." … „Und die Fragen waren schon interessant, über Unternehmenskultur habe ich bisher noch gar nicht so nachgedacht. Das war schon gut." … „Also ich hab' den Fragebogen nicht ausgefüllt. Ich habe keine Zeit für so etwas," antwortet der Nächste und blickt Karla sehr kritisch an. „Ich habe ihn schon ausgefüllt, aber ehrlich mal: Haben wir nicht ganz andere Sorgen? Das ist doch wahrscheinlich mal wieder so ein Thema, das gerade modern ist, und dann kommt doch nichts dabei heraus."

„Das Projekt ist der Geschäftsführung sehr wichtig. Wir müssen uns einfach weiterentwickeln. Und dabei spielt unsere Kultur eine zentrale Rolle. Kultur ist doch, wie und wer wir sind, wie wir zusammenarbeiten, wie wir erfolgreich sind," sagt Maren, „findet ihr unsere Kultur denn gut so oder sagt ihr, wir müssen was verändern?"

„Wenn Kultur auch ist, dass sich der Vertrieb immer einmischt und wir in der Produktion unsere Termine nicht halten können, dann müssen wir dringend etwas verändern. Außerdem kostet mich das so viele Nerven und Energie, ich habe keine Lust mehr dazu. Wir werden behandelt wie das fünfte Rad am Wagen. Dabei sind wir doch diejenigen, die am Ende den Kunden glücklich machen."

„Oder wenn Kultur heißt, dass ich schon x-mal angesprochen habe, dass wir die eine Anlage in der Produktion dringend auswechseln müssen, und nichts passiert. Uns hört doch keiner richtig zu. Ich bin ja mal sehr gespannt, ob eure schöne Befragung daran etwas ändert. Und wenn ich sehe, wie bei uns in neue Rechner investiert wird. Mein Sohn ist 15, und der lacht sich ja scheckig! Also der würde hier keine Ausbildung anfangen, obwohl er sich für unsere Produkte interessiert."

Karla bleibt ganz still, hört zu, lächelt innerlich und freut sich über die offenen Kommentare.

„Dann sind wir uns doch einig", meint Maren, „die GF findet, wir müssen was verändern, und die Zusammenarbeit zwischen Vertrieb und Produktion ist ein wichtiges Thema. Außerdem geht es auch darum, die Vorschläge der Mitarbeiter und Mitarbeiterinnen besser aufzunehmen und was daraus zu machen. Andere Unternehmen machen Qualitätszirkel oder haben systematische Verbesserungsprozesse oder Employee Engagement Circle oder welchen Begriff sie auch immer dafür nutzen."

„Na das ist ja interessant. In dem Unternehmen, in dem ich früher gearbeitet habe, gab es das, und wir waren sehr erfolgreich damit. Das fände ich ja gut, wenn Solution das auch einführt. Ich wäre dabei."

„Also ich weiß ja nicht, ich habe schon genug zu tun mit meinen Sachen, und immer diese neumodischen Begriffe. Mich nervt das."

„Aber was meint ihr denn: Wenn ihr euch drei Dinge wünschen dürftet, die das Unternehmen für die Kultur und die Zusammenarbeit der Mitarbeitenden tun könnte, was wäre das?" fragt Maren nun und schielt hinüber zu Karla.

„Mehr gefragt werden!" und „Wir haben an einigen Stellen keine sauberen Prozesse, an anderen Stellen zu viele Regeln, da müsste man mal aufräumen. Aber da sind es immer die anderen, die Verantwortung übernehmen sollen. Und dann hängen die Sachen in der Luft, und keiner fängt den Ball auf." Und „Also was ich so mitbekomme, wenn ich beim Kunden bin, wir holen die Leute da auch nicht immer ab. Da gibt es aus meiner Sicht viel Arroganz im Vertrieb. Die ruhen sich ganz schön auf ihren Lorbeeren aus und meinen, immer alles besser zu wissen als der Kunde." Und „Einmal öfter ein Danke wäre auch nicht schlecht." Und „Bei uns gibt es doch ganz oft einen Kuschelkurs, und Konflikte werden nicht ausgetragen. Das schmort dann unter der Oberfläche, und irgendwann eskaliert es eben." Und „Wir laufen einigen Entwicklungen hinterher. Wie gesagt: Mein Sohn würde hier nicht anfangen. Der findet das nicht quirlig genug, wenn ich zu Hause von der Arbeit erzähle". Und „Wir können aber nun auch nicht jede Mode mitmachen." Und „Ne, aber ich habe die Sorge, dass wir wichtige Trends verschlafen, und dann wird's gefährlich."

Maren und Karla hören sehr aufmerksam zu und finden vieles wieder, was sie in den Ergebnissen der Mitarbeiterbefragung gesehen haben. Schön zu sehen, wie hoch tatsächlich die Übereinstimmung ist.

„Wann kriegen wir denn das Ergebnis der Befragung zu Gesicht, wir sind ja gespannt, was dabei herausgekommen ist!"

„Wir sind gerade dabei, uns mit dem Betriebsrat abzustimmen und die nächste Betriebsversammlung zu planen. Auf alle Fälle relativ zeitnah. Und dann soll es auch in die Umsetzung gehen," sagt Maren.

„Gut zu hören, da hat es sich ja mal gelohnt, mit der Personalabteilung zu Mittag zu essen …," kommt es lachend von einer Kollegin.

Frustration, Dienst nach Vorschrift, innere Kündigung, Mecker-Kultur ohne etwas zu verändern, all diese Effekte gibt es in vielen Unternehmen. Mitarbeitende sind mit ihrer Arbeit oder dem Unternehmen, in dem sie tätig sind, nicht zufrieden, aus verschiedenen Gründen. Die Energie und Motivation, die sie eigentlich einbringen könnten, zeigen sie nicht. Dazu gibt es ein gutes Konzept in der Arbeitspsychologie, das auch für Change Prozesse relevant ist.

---

**Ein Exkurs zum Thema Arbeitszufriedenheit …**

In der Arbeitspsychologie wird natürlich auch über Zufriedenheit nachgedacht, eben Arbeitszufriedenheit. Was ist das, und wo kommt sie her? Welche Bedeutung hat sie für das Verändern – von uns selbst und von unserer Arbeits-Situation?

Zu dem Thema gibt es viel Forschung, jedoch ein besonders bemerkenswertes Buch von Bruggemann et al. (1975):

Was ist grundlegend für die Zufriedenheit in der Arbeit?

- Werden meine Erwartungen, meine Bedürfnisse erfüllt oder nicht?
- Wird mein Anspruchsniveau an die Arbeit erfüllt oder nicht?
- Wird ein Problem gelöst oder nicht, und falls nicht, gibt es eine Alternative, oder wird das Problem ggf. verdrängt? Oder fixiere ich mich darauf, und es lässt mich nicht mehr los?

Letztendlich möchte auch hier jemand „von A nach B" kommen, hat also ein Ziel, das es zu erreichen gilt. Die Autoren und Autorinnen unterscheiden folgende Formen von Arbeitszufriedenheit:

**Stabilisierende Arbeitszufriedenheit:**
Wir sind zufrieden mit der aktuellen Situation, es besteht kein Bedarf an Veränderung.

**Progressive Arbeitszufriedenheit:**
Die Ansprüche verändern sich, der Mensch entwickelt neue Ziele und will diese erreichen. Dann setzt Veränderung ein.

**Resignative Arbeitszufriedenheit:**
Der Mensch erreicht seine Ziele nicht und senkt das Anspruchsniveau. Man gibt sich mit dem zufrieden, was man hat.

**Konstruktive Arbeitsunzufriedenheit:**
Wenn Methode A nicht zum Ziel geführt hat, versucht der Mensch alternative Wege zu gehen, um etwas zu erreichen. Es erfolgt also eine konstruktive Auseinandersetzung mit der Situation und das Handeln in Alternativen, die Suche nach Methode B.

**Fixierte Arbeitsunzufriedenheit**
Es werden keine alternativen Handlungsmöglichkeiten gesehen, eine Problemlösung erscheint mit den eigenen Mitteln nicht möglich. Man bleibt dann in den Problemen stecken und ist frustriert.

**Pseudo-Arbeitszufriedenheit:**
Das Stecken-Bleiben in Problemen wird beiseitegeschoben oder verdrängt, man gibt sich mit der gegebenen Situation zufrieden und interpretiert sie als zufriedenstellend um.

Summa summarum: Veränderungsenergie entsteht bei progressiver Arbeitszufriedenheit und bei konstruktiver Arbeitsunzufriedenheit. Und diese gilt es zu fördern! Die anderen Formen der Arbeits-(Un)zufriedenheit gilt es im Change Prozess zu verstehen, die Gründe zu erkennen: Warum hat sich jemand beispielsweise so „eingerichtet" und wie bekomme ich ihn oder sie „aus dieser Ecke" wieder heraus?

Angeregt, aber auch nachdenklich verlassen Maren und Karla die Kantine. „Danke für deine Zeit und dass du mit mir Essen gegangen bist! Das war für mich eine großartige Einstimmung auf den Workshop mit den Führungskräften. Jetzt habe ich ein paar O-Töne von Mitarbeitenden im

Kopf und kann auf die Diskussionsbeiträge viel besser eingehen," sagt Karla. „Immer gerne wieder, es hat Spaß gemacht!" lacht Maren.

Und dann vergeht die Zeit auch sehr schnell, und der Workshop steht an: Rund 40 Abteilungsleitungen kommen zusammen, bis auf eine Ausnahme sind alle dabei, und Paula People ist sehr stolz, dass ihr diese logistische Meisterleistung gelungen ist. Die Einladung durch die gesamte Geschäftsführung hat Wirkung gezeigt, und Wim wird am ersten Abend vom GF-Change-Agent Workshop berichten, in lockerer Runde mit anschließendem Abendessen. Der Workshop ist für eineinhalb Tage angesetzt (Abb. 2).

Die geplante Agenda:

- Kleines Mittagessen, anschließend Einführung und Erwartungsklärung
- Die Ergebnisse und Diskussion der Kulturbefragung: Stärken der Solution GmbH und Entwicklungsthemen, um morgen und übermorgen erfolgreich zu sein
- Die Rolle der Abteilungsleitungen im Change Prozess: Aufgaben, Verantwortung und Skills vor dem Hinter-

**Abb. 2** Der Change-Agent-Workshop

grund der Befragungsergebnisse – drei Kleingruppen, Ergebnispräsentation
- Austausch mit der GF – deren Rolle im Kontrast zur Abteilungsleitungsrolle
- Eigene Reflexion: Wo stehe ich, was bringe ich mit, was muss ich weiterentwickeln – „nobody is perfectly prepared"
- Meine persönliche Change-Agenda für die nächsten 12 Monate: Coach yourself to change
- Die Erwartungen an die Teamleitungen und die Mitarbeitenden und To Do's
- Controlling und nächste Schritte

Die Stimmung zum Einstieg ist gut. Karla Furrer knüpft zunächst an die Diskussion im ersten Workshop mit den Abteilungsleitungen an und präsentiert anschließend die Befragungsergebnisse. Alle sind gespannt.

„Wir haben eine sehr hohe Beteiligungsquote von 72 %, das ist ein sehr gutes Ergebnis. Das bedeutet, dass die Mitarbeitenden am Thema interessiert sind und auch offensichtlich viel Potenzial vorhanden ist, etwas zu bewegen. Was erleben die Mitarbeitenden vor allem:

- Wir haben vom Grundsatz her solide Prozesse und eine regelorientierte Kultur.
- Wir haben zu wenig Spielräume für die Mitgestaltung, uns wird zu wenig zugehört, wir können uns zu wenig einbringen. Führungskräfte hören uns zu wenig zu.
- Es gibt eine gewisse Schuld-Kultur, und die Verantwortung haben immer die anderen. Konflikte werden nicht ausgetragen.
- Leistung wird zu wenig honoriert. Die extra Meile lohnt sich nicht. Wer sagt hier eigentlich Danke?

Und ehrlich gesagt, auch wenn das jetzt empirisch nicht relevant ist: Ich war letztens in der Solution-Kantine

Mittagessen und habe all das am Tisch von den Kollegen und Kolleginnen wunderbar bestätigt bekommen," sagt Karla lächelnd und auch mit einem Augenzwinkern.

Die Reaktionen der Abteilungsleitungen fallen sehr unterschiedlich aus. Einige stimmen überein und sehen die Themen, einige fühlen sich persönlich angegriffen.

„OK, ich würde sagen: Eine Runde sacken lassen, eine halbe Stunde Zeit dafür. Diejenigen, die ein Störgefühl mit dem Ergebnis haben, schnappen sich jetzt jemanden, der keines hat, und ihr diskutiert zu dritt oder zu viert die Ergebnisse. Das könnt ihr hier im Raum tun, draußen, oder auch bei einem kleinen Spaziergang. Ich sage ja immer: Feedback ist ein Geschenk. Kommt bitte mit dem wichtigsten Thema zurück, das ihr heute und morgen diskutiert wissen wollt," moderiert Karla den nächsten Schritt.

Die halbe Stunde ist gut investierte Zeit, zwar knapp bemessen, aber sie erbringt eine sehr gute Themenwand, die alle anschließend gemeinsam clustern (Abb. 2).

Heraus kommt:

- Insgesamt: Es liegt viel Potenzial in einer besseren Kommunikation und Beteiligung der Mitarbeitenden, einer besseren Konflikt- und Feedbackkultur. Es gibt viel Unzufriedenheit, aber die lässt sich konstruktiv wenden. Die Gestaltungs-Ideen der Mitarbeitenden werden zu wenig genutzt. Die GF muss jedoch damit anfangen!
- Wir ruhen uns teilweise auf Regeln aus und stellen sie nicht mehr in Frage. Damit verlieren wir Innovationspotenzial.
- Ein Schlüssel für viele Themen ist die Bearbeitung der Schnittstelle zwischen Vertrieb und Produktion. Hieran kann man die Unternehmenskultur festmachen, ja messen! Gewertet: Der Vertrieb wird von der Produktion als arrogant wahrgenommen, die Produktion fühlt sich als der „under-dog". Umgedreht: Die Produktion wird vom

Vertrieb als teilweise behäbig und unflexibel erlebt, der Vertrieb fühlt sich von der Produktion hängen gelassen. Die Produktion wird an der Schnittstelle zum Kunden zu wenig einbezogen, wenn es um Sonderlösungen geht, da liegt eine Wurzel des Übels. Dieser Konflikt modert seit langer Zeit, es wird übereinander und nicht miteinander geredet. Eine Unzufriedenheits-Kultur ist entstanden, davon müssen wir weg.

„OK, das sind doch gute Botschaften für die Geschäftsführung nachher. Wer stellt sie vor?"

Man einigt sich schnell auf verteilte Rollen, Führungskräfte aus Vertrieb und Produktion übernehmen das, und Paula People ist auch dabei.

„Wir haben jetzt noch Zeit. Lasst uns die Aufgaben, Verantwortung und Skills im Change und als Change Agent in vier Gruppen sammeln. Wenn Wim Wendig kommt, können wir ihm die ersten Ergebnisse vorstellen."

Was sind die wesentlichen Aufgaben und die Verantwortung des Change Agent bei der Solution GmbH aus Sicht der Abteilungsleitungen?

- Vision der GF in konkrete Ziele für die jeweilige Abteilung übersetzen, Verantwortung für die Umsetzung der Ziele übernehmen.
- Notwendigkeit des Change erklären, Dringlichkeit deutlich machen, warum jetzt, auch wenn wir keine roten Zahlen schreiben? Verantwortung dafür, dass die Botschaft bei allen ankommt und angenommen wird.
- Die Schnittstelle Vertrieb-Produktion zum Unternehmensthema machen, Kundenorientierung neu definieren, dazu mit allen Mitarbeitenden in die Diskussion gehen, Verantwortung dafür übernehmen, dass ein neues Mindset erzeugt wird.
- Begeistern, begeistern, begeistern.

### Episode 7 – Karlas Kantinenbesuch und der ...

- „Harte Knochen" identifizieren, Widerstände ansprechen und offen thematisieren.
- Zuhören, zuhören, zuhören.

Wim Wendig ist eingetroffen, gerade im richtigen Moment, um die Zusammenfassung mitzubekommen. Er ist begeistert von dem, was die Abteilungsleitungen erarbeitet haben.

„Unser Ergebnis im GF-Workshop ist da etwas schmaler ausgefallen. Karla, könntest Du es mal an die Wand werfen?"

Auf der Präsentationsseite steht einfach:

„Die Geschäftsführung beschreibt ihre Rolle im Change mit zwei wesentlichen Aspekten:

- Übergeordnete Ziele vorgeben und den Kurs halten
- Zuhören und den Kurs korrigieren, wenn erforderlich

Was sagt ihr dazu?"

Alle setzen sich in kleinen Gruppen (Nachbar zu Nachbarin) zusammen und gehen in eine kurze Reflexion. Es gibt viel Zustimmung.

„Wir brauchen eine Struktur und ein Vorgehen für die Abstimmung", kommt es aus der Runde, „wie wollen wir das ganz konkret leben?"

„Es wird eine Projektorganisation für den Change geben. Wir haben als GF einen Steuerungskreis vorgesehen. Neben der GF wird Paula und der Betriebsrat beteiligt sein. Und je nach Themenfeld kommt der ein oder die eine oder andere von euch dazu."

Dann ist Abendessens-Zeit, der Magen knurrt.

Am nächsten Tag geht es – genauso wie beim GF-Workshop – um die Skills und die sehr individuellen Themen. Gemeinsame Themen für alle, die im Vordergrund stehen, sind:

- Wie funktioniert Change – ein bisschen theoretischen Input zu Phasen des Change bitte
- Gute Kommunikation im Change: Wege, Methoden, Regelkommunikation
- Muster aufbrechen, an Haltungen arbeiten, neues Verhalten durch neue Methoden praktizieren – wie geht das?
- Ängste und Widerstand im Change
- Umfang mit Konflikten und verschiedenen Interessen
- Und immer wieder: gutes Feedback geben

Paula People bekommt die Aufgabe, ein Workshop-Programm dazu zusammenzustellen.

Und jeder übersetzt sich seine Themen in eine eigene „Coach myself to change" – Agenda und legt seinen eigenen Personalentwicklungsplan fest.

Ferner bilden alle Abteilungsleitungen Triaden für den regelmäßigen kollegialen Austausch.

> **Die Methode der Triade – sie funktioniert so (oder auch ähnlich):**
>
> Drei Kollegen bzw. Kolleginnen, die unterschiedliche Stärken haben, finden sich zusammen. Sie teilen ihre Personalentwicklungs-Pläne und tauschen sich am Anfang dazu aus.
>
> Sie reflektieren in regelmäßigen Abständen (idealerweise alle 2 Wochen) für eine halbe oder dreiviertel Stunde aktuelle Anliegen und das, was sich bei den persönlichen PE-Themen tut. Es soll niedrigschwellig sein, die Treffen sollen keine großen Zeitblocker beanspruchen.
>
> Immer mindestens zwei Themen sollten bei einem Termin reflektiert werden. Ein Thema wird von einer Person eingebracht, eine andere Person gibt Feedback, die dritte Person gibt Feedback zum Feedback.
>
> Ziel ist es immer, das Thema selbst inhaltlich zu besprechen und die Situation bzw. Konstellation oder das Setting zu reflektieren.
>
> Siehe auch Troika Consulting in van Aerssen et al. (2022).

„OK, dann sprechen wir jetzt zum Abschluss über die Rolle der Teamleitungen und über die Rolle der Mitarbeitenden ..." macht Karla Furrer die Überleitung zum nächsten Punkt.

Schnell ist allen klar, dass natürlich abstrakt mehr Empowerment, mehr Verantwortungsübernahme, mehr Vorschläge von den Mitarbeitenden und vor allem von den Teamleitungen gewünscht ist. Change muss auch bottom-up getriggert werden.

Eine Methode, Mitarbeitende gut mit auf den Weg zu nehmen, Frustrationsenergie in Gestaltungs-Energie zu verwandeln, sind Team-Workshops. Sie können ein guter Auftakt für einen Veränderungs-Prozess in Teams sein, dürfen allerdings nicht zur Eintags-Fliege werden. Sie sind eben Auftakt für einen Prozess und brauchen Follow-Up auf Ebene der Gruppe und der Einzelnen.

> **Eine Team-Workshop-Agenda – Coach yourself to change**
>
> Mitarbeitende mit auf die Reise der Arbeitsgestaltung zu nehmen, ist immer der Königsweg. Ideal sind Workshops, die zum einen die Ideen und Vorschläge der Mitarbeitenden für die Veränderung von Prozessen und Strukturen UND der Kultur der Zusammenarbeit aufnehmen und sie zum anderen aber auch mit in die Umsetzungs-Verantwortung zu nehmen.
>
> Wie könnte eine solche Workshop-Agenda aussehen? Ein Beispiel:
>
> - Was will der Kunde bzw. die Kundin der Zukunft von uns?
> - Die Stärken unserer Organisation und unseres Teams: Worauf können wir bauen?
> - Unsere Entwicklungsthemen? Was müssen wir voranbringen, um weiterhin erfolgreich zu sein? Wo müssen wir ggf. an unserer Haltung zu den Dingen arbeiten?
> - Welche Prozesse und Entscheidungswege brauchen Veränderung?
> - Welches sind die Prioritäten?

- Wie gehen wir konkret vor, und wie sieht der Zeitplan aus?
- Was hat das mit mir persönlich zu tun, an welchen Ecken möchte ich mich entwickeln: Qualifikation, meine Haltung, mein Verhalten … mein persönlicher „Coach yourself to change – Plan", und wer könnte mich hierbei unterstützen?
- Wie sorgen wir insgesamt für eine nachhaltige Umsetzung? Wie sieht das Follow-Up aus?

Die Diskussion geht weiter …

„Wir brauchen nach der Betriebsversammlung, auf der die Ergebnisse der Kultur-Befragung vorgestellt werden, Miniworkshops in den Abteilungen zur Rolle der Mitarbeitenden oder nach einer Art Delegationsprinzip eine Arbeitsgruppe aus Beschäftigten, die sich dazu Gedanken macht. Das gleiche gilt für die Teamleitungen. Alle Rollen müssen beschrieben werden, damit sie gelebt werden können".

Dazu gibt es einen breiten Konsens.

Anschließend werden die Triaden gebildet. Es klappt tatsächlich nach dem Selbstfindungsprinzip, Karla muss gar nicht viel moderieren.

„OK, zur Auswertung der eineinhalb Tage: Womit seid ihr zufrieden, wo herrscht Klarheit? Welche Themen brennen noch auf den Nägeln und ganz offen: Wo empfindet ihr Widerstand?"

Dazu gibt es noch einmal kleine Gruppen, die sich austauschen und dann Kurz-Kommentare an die Pinnwand heften … es gibt viel positive Stimmung und gleichzeitig auch verhaltenes Feedback: Meinen wir es wirklich ernst damit?

Mit diesem realistischen Bild können auch alle gut nach Hause fahren!

## Literatur

Bruggemann, A., Groskurth, P. & Ulich, E. (1975). Arbeitszufriedenheit. Bern: Verlag Hans Huber.

Van Aerssen, B., Buchholz, Chr. & Burkhardt, N. (Hrsg.) (2022). Das große Handbuch Digitale Transformation. 222 Methoden und Instrumente für mehr Wandlungsfähigkeit in Unternehmen. München: Verlag Franz Vahlen.

# Episode 8 – Eine kulturelle Betriebsrats-Sitzung, die zweite Betriebsversammlung und die Vereinbarung

„Moin allerseits", begrüßt Konstanze Schwung die Mitglieder des Betriebsrats-Gremiums zur wöchentlichen Sitzung. „Heute wird's spannend. Wir schalten gleich Karla Furrer per Video-Konferenz dazu. Sie wird uns die Ergebnisse der Kulturbefragung vorstellen, bevor wird damit in die nächste Betriebsversammlung gehen, und sie wird uns zeigen, was für uns als BR-Gremium dabei herausgekommen ist. Wir hatten ja den Bogen auch ausgefüllt und bekommen jetzt unser Betriebsrats-Ergebnis. Dann wissen wir gleich, an welchen Kulturelementen wir selbst so arbeiten könnten …"

„Also ich weiß ja nicht, nun mach' mal halblang. Haben wir nicht ganz andere Sorgen als unsere BR-Kultur?" … „Also ich finde, wir müssen doch mit der Zeit gehen. Wenn das Unternehmen und jedes Team sich mit der eigenen Kultur beschäftigt, dann sollten wir dabei sein." … „Können wir nicht einfach erst einmal zuhören, bevor hier wieder sofort die Debatte losgeht?" So entspinnt sich sofort die Diskussion, sehr typisch für das Gremium.

Und los geht's, Karla erscheint online auf dem Bildschirm und führt die Kollegen und Kolleginnen durch die Ergebnisse für das Unternehmen und anschließend für das BR-Gremium. „Jeder und jede von euch bekommt dann auch noch den individuellen Bericht zugemailt. Den schicke ich heute raus," ergänzt Karla. „Aber zunächst einmal eure Rückmeldung zu den Ergebnissen für das Unternehmen: Findet ihr Solution so gut beschrieben, trifft es das? Und die zweite Frage lautet natürlich: Vor dem Hintergrund der Welt da draußen: Was könnte oder müsste das Unternehmen aus eurer Sicht tun, um seine Kultur wettbewerbsfähig weiterzuentwickeln?"

„Und die dritte Frage wäre: Was bedeutet das für unsere Arbeit als Betriebsrat?" fügt Konstanze hinzu.

Eine ausgesprochen lebendige und emotionale Debatte nimmt ihren Lauf.

„Was heißt denn, bei uns übernimmt niemand Verantwortung? Die Führungskräfte können doch einfach nicht loslassen und wollen alles unter Kontrolle haben!" ... „Das habe ich ja schon immer gesagt: Hier darf man ja nicht wirklich frei denken, es gibt viel zu viele Regeln!" ... „Die Teamleitungen haben eben einfach zu wenig zu sagen!" ... „Wenn man für jeden Fehler eins auf den Deckel bekommt, dann traut man sich ja auch nichts mehr. Wo soll es denn herkommen?" ... „Aber jetzt mal konstruktiv: Das ist doch nun die einmalige Chance, an der Kultur etwas zu verändern. Wir sehen, wo unsere Macken sind und können jetzt etwas tun!" ... „Aber Vorsicht: Nicht dass das zu Arbeitsverdichtung führt und die Kollegen und Kolleginnen noch mehr aufgebürdet bekommen!" ... „Wir brauchen eine Regelung für diesen Veränderungsprozess, ich will da nicht einfach so hineinlaufen, ohne Leitplanken!"

# Episode 8 – Eine kulturelle Betriebsrats-Sitzung, ...

Was ist das Ergebnis der ersten Diskussionsrunde:

- Die Betriebsversammlung mit dem Schwerpunkt Kulturanalyse wird für gut befunden.
- Alle wollen eine Rahmen-Betriebsvereinbarung für den Veränderungsprozess, Konstanze bekommt den Auftrag, dies bei Paula People anzusprechen.
- Das Gremium wünscht sich für die nächste BR-Klausur, dass das Thema der eigenen Kultur auf die Agenda kommt.
- Alle sind gespannt auf den persönlichen Bericht. Bei Fragen kann Karla Furrer angesprochen werden.

Karla klingt sich aus, und die Sitzung nimmt ihren Lauf.

„OK, was meint ihr? Eine kurze Auswertungsrunde, bevor wir zu den anderen Punkten des heutigen Tages kommen," fordert Konstanze ein.

„Also ich finde, dass diese Frau Furrer einen guten Job macht. Ihr Vorgehen ist mir sympathisch. Und für uns als Betriebsrat ist jede Initiative, die die Mitarbeiter und Mitarbeiterinnen empowert, mehr Verantwortung vergibt, Arbeitsaufgaben interessanter macht, doch gut!" ... „Das muss dann aber entsprechend vergütet werden!" ... „Ich kann mir natürlich vorstellen, dass sich dann auch Strukturen ändern, Jobs wegfallen, neue entstehen. Dafür brauchen wir Qualifizierung für die Mitarbeitenden. Konstanze, das kannst du bei Paula auch gleich ansprechen." ... „Außerdem wird doch sowieso weiter digitalisiert. Und wer weiß, was sich mit KI, also künstlicher Intelligenz noch alles machen lässt. Die Arbeit wird sich sowieso in den nächsten Jahren radikal wandeln". ... „Und Fachkräfte gibt es eh zu wenig auf dem Markt. Es ist viel besser, wenn wir die selbst ausbilden!"

In Summe ist die aktuelle Meinung des Gremiums, dass in der Kulturanalyse viele Chancen stecken, die der Betriebsrat nutzen kann. Eine Rahmen-Betriebsvereinbarung für den Veränderungsprozess ist allerdings ein Schlüsselelement. Und vor allem, wenn alle Mitarbeitenden einbezogen werden sollen, braucht es Regeln. Am Ende der Sitzung bildet sich eine Arbeitsgruppe, die Eckpunkte für diese Betriebsvereinbarung ausarbeitet.

Aber erst einmal steht die Betriebsversammlung an …

Paula People, Konstanze Schwung und Karla Furrer hatten sich einen halben Tag zurückgezogen, um die Betriebsversammlung gut vorzubereiten. Ziel ist es, Aufbruchstimmung zu erzeugen und gleichzeitig Nachdenklichkeit.

Aufbruch muss sein, sie wollen Energie und Schwung erzeugen. Im Idealfall gehen die Mitarbeitenden – wenigsten einige – mit leuchtenden Augen hinaus. Und der Aufbruch muss sich konkret anfühlen: Es geht um Abläufe, um Unternehmensprozesse, die anders gestaltet werden müssen, und dazu gehört ein anderes Denken, eben insgesamt eine andere Kultur.

Es muss deutlich werden, dass es der Geschäftsführung ernst damit ist. Die Investition in Zeit für Workshops und viele Meetings macht die GF nicht umsonst, sondern weil sie darin eine Notwendigkeit für die Zukunftssicherung des Unternehmens sieht. Und diese Haltung gilt für die gesamte Geschäftsführung, ausnahmslos!

Konstanze wird deutlich machen, dass der Betriebsrat hinter dem Projekt steht, es aktiv unterstützt, es begleitet und im Steuerungskreis vertreten ist. Das heißt, der Betriebsrat hat Einfluss!

Und im Sinne von „coach yourself to change" geht es eben auch um Nachdenklichkeit, Reflexion und darum, sich selbst an die eigene Nase zu fassen und zu verstehen, dass die Veränderung jeden Einzelnen einbezieht. Dazu bereiten die Drei ganz konkrete Verhaltensbeispiele vor: Wie sind wir früher vorgegangen und was machen wir jetzt, um die Zusammenarbeit und das Lösen von Problemen zu verbessern?

Im Intranet gab es eine peppige Einladung mit einem Gemälde von Kandinsky im Hintergrund – Aufmerksam-

## Episode 8 – Eine kulturelle Betriebsrats-Sitzung, ...

keit muss sein. Paula ist Kandinsky-Fan, für sie steht der Maler für den Aufbruch in eine neue Kunstepoche. Außerdem sind seine Bilder einfach positiv.

Die Agenda der Betriebsversammlung sieht so aus:

- Einführung durch den Betriebsrat und die Geschäftsführung.
- Vorstellung der Ergebnisse der Kulturbefragung durch Karla Furrer.
- Gemeinsame Kommentierung durch Wim Wendig und Konstanze Schwung, jeweils natürlich mit eigenem Akzent. Was heißt das konkret?
- Ankündigung einer Rahmen-Betriebsvereinbarung zum Change Prozess, Vorstellung des Steuerungskreises durch Paula People.
- Bericht von Philippina von der Kundenbefragung: Wir müssen was tun!
- Aufforderung, erstes Feedback zu geben: Karten dafür liegen auf den Stehtischen (Paula).
- Ausblick auf die ersten Projekte: Das Projekt zur Schnittstelle Vertrieb-Produktion hat schon begonnen.

Die Betriebsversammlung soll möglichst knapp und auf den Punkt gestaltet sein und maximal eine Stunde dauern. Die Präsentationen und die Ergebnisse der Kulturanalyse werden anschließend im Intranet veröffentlicht, auch die Ergebnisse der ersten Kartenumfrage auf der Versammlung selbst. Es geht um so viel Transparenz wie möglich (Abb. 1).

Es herrscht knisternde Spannung im Saal. So etwas hat es bei Solution noch nicht gegeben. Konstanze führt ein und spielt den Ball dann zu Wim hinüber. Allein diese Art der Starts zeigt schon, dass sich hier etwas verändert.

**Abb. 1** Die zweite Betriebsversammlung – Kultur pur

Karla Furrer stellt die Ergebnisse vor. Was sind Hauptkennzeichen der Kultur, die Karla so pointiert:

- Solution ist ein sehr regel- und prozessorientiertes Unternehmen. Das ist einerseits gut, andererseits führt es zu Starrheit, zu einem sich ausruhen auf Erreichtem. Störungen werden unter den Teppich gekehrt.
- Die Mitarbeitenden wollen mehr Verantwortung übernehmen, und das braucht das Unternehmen auch, um schneller und wendiger zu werden.
- Weg von Schuldzuschreibungen und von: „Es ist der andere gewesen!" Hin zu direktem Feedback und abteilungsübergreifendem Bearbeiten von Problemen.
- Es braucht mehr Mut zu Innovation, dazu, auch mal etwas auszuprobieren und vielleicht auch Zeit für etwas verschwendet zu haben.
- Die Kultur ist zu harmonie- und konsensorientiert und zu wenig wettbewerbsfreudig. Im konkreten Verhalten gehen alle lieber einem Konflikt aus dem Weg als ihn anzusprechen und daraus etwas Gutes für die Zukunft zu machen.

## Episode 8 – Eine kulturelle Betriebsrats-Sitzung, …

- Der Wille, für den Kunden die extra Meile zu gehen, ist nicht so ausgeprägt, wie der Markt es braucht, um erfolgreich zu sein. Der Wettbewerb schläft nicht.

Dann herrscht erst einmal Stille.
„Was heißt das aus Sicht der Geschäftsführung?" leitet Wim Wendig ein. „Verantwortung zu übernehmen und nicht auf den oder die andere zu zeigen, das ist ein Thema bei uns. Das war mir persönlich gar nicht so klar. Dieses Ping-Pong-Spiel wollen wir nicht mehr praktizieren, vor allem nicht mehr zwischen Vertrieb und Produktion. Aber auch sonst. Der Kunde oder die Kundin braucht uns alle, alle Köpfe und alle Ideen, jeden Beitrag! Und Verantwortung für den Erfolg beim Kunden, die tragen wir alle!"
Konstanze ergänzt die Sicht des Betriebsrats, dass das Unternehmen sich weiterentwickeln muss, und dass es super ist, dass die GF bei sich selbst anfangen würde. Wim grinst. Und sie ergänzt, auch der Betriebsrat würde an der eigenen Kultur arbeiten. Das Thema geht eben jede und jeden an. Und sie macht deutlich, dass eine Rahmen-Betriebsvereinbarung abgeschlossen wird, die den Prozess begleitet. Es wird zum Beispiel geregelt, dass der BR im Steuerungskreis vertreten ist, dass bei Veränderungen von Arbeitsinhalten bei Bedarf qualifiziert wird, dass der Betriebsrat bei Aufgabenveränderungen und Versetzungen einbezogen wird usw. Nichts geht von heute auf morgen, verschiedene Themen und Projekte werden angegangen, und das braucht seine Zeit, und diese Zeit sollen die Mitarbeitenden auch bekommen.
Dann berichtet Philippina von der Kundenbefragung. Die Kunden

- schätzen die Qualität und Verlässlichkeit des Unternehmens und
- wollen mehr Innovation und
- mehr Geschwindigkeit sowie höhere Flexibilität

Paula People fragt nach erstem Feedback: „Bitte schreibt eure Rückmeldung auf die Karten, die auf den Tischen liegen. Wir werten das anschließend aus und veröffentlichen das Ergebnis im Intranet. Eure Rückmeldung ist wichtig, sei sie positiv, sei sie kritisch."

Die Stifte kratzen über die Karten, alle schreiben … Fragen zur Projektsteuerung, zur konkreten Arbeit an der Schnittstelle, persönliche Äußerungen zur Unternehmenskultur, persönlicher Frust, der Wunsch, dabei zu sein und, und, und. Das wird eine reichhaltige Ausbeute! Ziel ist, die Karten zu clustern und das Ergebnis im Intranet zu veröffentlichen, als ein erster Schritt zu einer verbesserten Kommunikation im Unternehmen. Außerdem wird sich der nächste Steuerungskreis mit dem Feedback beschäftigen, es ist eine wichtige Arbeitsgrundlage für die weitere Arbeit.

„OK, wie geht es jetzt weiter?" Wim verweist auf die nächsten Schritte:

- Abschluss der Betriebsvereinbarung
- Projekt Vertrieb – Produktion
- Innovations- und Vertriebsprojekt: Neue Produkte – neue Märkte
- IT- und Prozess-Projekt neue Produktionssteuerung mit allen Elementen der Mitarbeiterbeteiligung
- HR-Agenda …

„Nichts ist in Stein gemeißelt. Im ersten Schritt wollen wir uns auf den Kunden fokussieren und an der Schnittstelle arbeiten. Aber der Projektplan ist veränderbar. Ich bin jetzt zunächst einmal gespannt auf ihre und eure Rückmeldungen. Danke!" schließt Wim Wendig.

„Dann auch von meiner Seite danke für's Kommen. Wir schaffen von Mal zu Mal die Besucherrekorde auf der Betriebsversammlung – das freut uns natürlich sehr!" schließt Konstanze Schwung und blickt zufrieden in die Gesichter ihrer BR-Kollegen und Kolleginnen.

Im Nachgang stehen alle noch einmal kurz zusammen an der Bühne, Betriebsrat, Geschäftsführung, HR und Karla Furrer. „Ist schon alles neu, fühlt sich anders an, oder?" fragt Karla. Es gibt viel Nicken und auch ein paar fragende Gesichter: Wird das alles so klappen? „Keine Sorge," meint Karla, „ohne Krisen geht es nicht, ich sehe es in euren Gesichtern, aber Krisen geben häufig Schübe, und da gehen wir dann gemeinsam durch!"

Und damit geht es guter Tag zu Ende. Der BR verabredet nur noch den Termin für die Diskussion der Betriebsvereinbarung zum Change Projekt …

Und die findet zwei Wochen später am Dienstag morgen statt. Eigentlich ist die Stimmung ganz aufgeräumt, trotzdem gibt es natürlich auch Skeptiker und Skeptikerinnen im Gremium, die dem Projekt nicht trauen und eher vorsichtig sind, was die Ziele der Geschäftsführung betrifft. Ziel der heutigen Runde ist es, die Eckpunkte für die BV festzulegen und sich auf den Termin mit der Personalabteilung vorzubereiten.

Welches sind die Themen oder Sorgen aus Sicht des Betriebsrats?

- BR-Beteiligung gewährleisten:
  - Laufende Information und Beteiligung des Betriebsrats im Change Prozess, mitbekommen, was läuft, nicht abgehängt werden
- Nachteile für Mitarbeitende verhindern:
  - Qualifizierung für alle ermöglichen
  - Keine Nachteile bei offenem Feedback der Mitarbeitenden zum Change Projekt
  - Keine Nachteile, wenn Mitarbeitende ihre Entwicklungsthemen bzw. ihren Change Plan offenlegen

- Wenn sich in der Organisation und in den Prozessen etwas verändert: Vorgehen für Stellenausschreibungen, Job Rotation und bei Versetzungen etablieren, damit auch jeder und jede eine Chance bekommt
- Bei Versetzungen Bestandsschutz in der Vergütung gewährleisten
- Wie sieht es mit Leistungs- und Verhaltenskontrolle bei technischen Veränderungen aus?
- Arbeitsplatzverlust verhindern

- Brauchen wir eine Regelung für die Nutzung Künstlicher Intelligenz?
- Regelung für das KVP-Projekt (Kontinuierlicher Verbesserungsprozess) schaffen, wenn es kommt: offene Ausschreibung für die Moderations-Rolle, Vergütung für die Verbesserungsvorschläge: KVP-Taler für die Teams?

„So, ich glaube, das ist erst einmal eine ganz schön umfangreiche Liste, und wir sind gut vorbereitet auf die Runde mit der Personalabteilung. OK soweit?" fragt Konstanze. Es gibt relativ einhelliges Nicken. „Ich habe morgen noch einen Video-Call mit der Gewerkschaft. Mal hören, was die Kollegen und Kolleginnen da zu ergänzen haben …"

„Also ich bin ja mal gespannt, was bei den Gesprächen mit der Personalabteilung herauskommt. Für mich ist das die Nagelprobe. Wenn die Geschäftsführung insgesamt mitgeht, dann ist es erst einmal gut. Wenn sie herum zicken, also dann ist meine Unterstützung für das Projekt gestorben, das sage ich euch!" kommt es von der einen Seite.

„Nun beruhige dich erst einmal, wir sehen mal, was passiert. Aufregen können wir uns auch später noch!" kommt es aus der anderen Ecke.

Bestens vorbereitet geht Konstanze in das Gespräch mit Paula. Die beiden wollen zunächst in kleiner Runde sondie-

## Episode 8 – Eine kulturelle Betriebsrats-Sitzung, ...

ren, wie unterschiedlich die Vorstellungen sind, und dann würde es auch um die Formulierung eines ersten Textentwurfes gehen.

„Moin, moin," begrüßt Paula Konstanze, „alles klar?" „Alles klar," erwidert Konstanze. Die beiden kennen sich schon so lange und sind eingespielt, wenn es um Gespräche und Verhandlungen zu Vereinbarungen geht. Dieses Thema ist allerdings komplettes Neuland, von daher tasten sich beide erst einmal vor, tauschen mündlich ihre Überlegungen aus und versuchen, so viel gemeinsame Basis wie möglich herzustellen.

Am Ende sieht es ganz gut aus, und die beiden gehen mit einem ersten Diskussionsergebnis auseinander. Paula hat einen guten Eindruck von den Sorgen des Betriebsrats, und Konstanze fühlt sich mit ihren Themen ernst genommen. Paula möchte natürlich auf gar keinen Fall eine Überregulierung etablieren, das würde das Change Projekt verlangsamen. Und die meisten Themen sind sowieso gesetzlich oder in anderen Betriebsvereinbarungen festschrieben. Auf der anderen Seite kann sie sich auch darauf einlassen, noch einmal schriftlich in einer BV deutlich zu machen, dass es eben nicht um Arbeitsplatzabbau geht und das Unternehmen natürlich ein Interesse daran hat, die Mitarbeitenden für die Zukunft zu qualifizieren.

Paula wird mit der GF sprechen, Konstanze mit dem Betriebsratsgremium. Und anschließend würden sie sich an die Textformulierung setzen.

„Es wäre ja schon gut, wenn wir auf der nächsten Betriebsversammlung erfolgreich berichten können," meint Paula, „je früher wir einen Rahmen, Sicherheit und damit gleichzeitig Freiraum für's Ausprobieren geschaffen haben, umso besser!"

„Finde ich auch. Ich hoffe mal, dass die Bedenkenträger bei mir im Gremium den Prozess nicht zu sehr verlangsamen. Du weißt ja, in der Produktion haben wir noch das ein oder andere offene Thema, und die Kollegen würden das natürlich AUCH gleich mit abschließen wollen."

„Keine Paketgeschäfte, Konstanze, Du kennst mich, das ist mit mir nicht zu machen!"

„Ist ja schon gut, nun lass uns erst einmal gucken …"

So gehen die beiden auseinander, jede mit ihrem Auftrag und mit optimistischer Grundhaltung, dass die Gespräche zur Vereinbarung der BV kritisch konstruktiv verlaufen werden!

# Episode 9 – Brücken bauen: Eine erste Projektsitzung von Vertrieb und Produktion und was Tim sonst noch umtreibt

Philippina Fly und Tim Tacho hatten sich genau überlegt, wen sie bei diesem Projekt dabeihaben wollten. Sie selbst wollen aktiv mitarbeiten, um zu zeigen, dass sie es persönlich ernst meinen. Und sie wollten natürlich die Personen an Bord haben, die in der Vergangenheit die Schnittstelle zwischen Vertrieb und Produktion wesentlich geprägt und vor allem „gelitten" haben. Der Leidensdruck soll ja vor allen die Energie liefern, um etwas zu verändern.

Schnell war klar, dass es eine externe Moderation für diese Gruppe braucht, und Karla Furrer hatte einen erfahrenen Kollegen aus ihrem Team empfohlen, der das gut übernehmen konnte, Nick Lange. Nick kannte sich mit Konflikten gut aus und hat schon immer gesagt, dass darin die besten Chancen für eine positive Veränderung stecken.

Wer ist noch dabei?

- Martina Wagner, Key Account Management Großkunden
- Andreas Schmidt, Customer Service kleinere Kunden

- Helge Wirts, Arbeitsvorbereitung
- Verena Bauer, Produktionssteuerung

Sie sind also zu sechst plus der Moderation. Es sollte eine kleine Gruppe sein, um konzentriert zu Vorschlägen zu kommen. Und alle Parteien waren vertreten.

Die Agenda des Kick-Off-Meetings, das für 4 h angesetzt war:

- Einführung, Hintergrund Kulturanalyse und Weiterentwicklung der Prozesse und Strukturen, klares Commitment von Philippina und Tim.
- Kurze kreative Übung: Was passiert, wenn wir so weitermachen wie bislang?
- Unsere Schnittstellenkultur: ein Brainstorming
- Besprechung des weiteren Vorgehens für die nächsten Runden

„Was passiert, wenn wir so weitermachen wie bislang?" Nick Lange stellt die Auftaktfrage in den Raum. „Mein Vorschlag wäre, dass ihr kreativ seid, also keine Liste schreibt, sondern entweder ein Bild entwerft oder – wir haben hier auch jede Menge Legosteine – einfach etwas baut!"

Alle gucken erst einmal etwas sparsam und verlegen. Die Lego- und die Male-Zeit liegt ja nun viele Jahre zurück, aber sie lassen sich auf die Übung ein. In zwei Gruppen geht es los, und dann scheint es doch Spaß zu machen.

Was kommt aus der kreativen Übung heraus? Die eine Gruppe hat mit Lego zwei Boxer und viel zerschlagenes Porzellan gebaut. Die andere Gruppe hat ebenfalls eine Art Scherbenhaufen gemalt, verknüpft mit einer Darstellung der Unternehmenskennzahlen, und die gehen nach unten. Was ergibt die Auswertung:

Der Konflikt und die mangelnde Gestaltung der Schnittstelle zwischen Vertrieb und Produktion kosten

- viel Geld
- viele Nerven
- jede Menge Verletzungen und Kränkungen
- und gefährdet das Unternehmen

Also gibt es wirklich ausreichend Gründe, etwas zu verändern. Es war wichtig, dies einmal in der Klarheit auszusprechen und zu erleben, dass sich alle einig sind.

Was tun?

„Ich will jetzt nicht zu sehr in die Nabelschau gehen, aber wenn es euch nicht schwergefallen ist, diesen Konsens zu erzielen: Warum habt ihr dann nicht schon längst etwas verändert?" fragt Nick.

Alle gucken sich etwas verwundert an und nicken – entweder äußerlich oder innerlich – mit dem Kopf.

Nick erklärt daraufhin das Modell „Immunity to change" von Kegan und Laskow Lahey (2009, siehe oben) und macht deutlich, dass es im aktuellen Verhalten eine Logik oder auch einen Vorteil für die einzelnen geben muss, sonst hätte man doch bereits etwas getan!

Man kann förmlich sehen, wie es in den Köpfen arbeitet …

„Wie sieht also die aktuelle Kultur an der Schnittstelle bzw. in der Zusammenarbeit zwischen Vertrieb und Produktion aus, und woran lagen bislang die Vorteile darin?" schreibt Nick an ein Flipchart und gibt das Brainstorming frei.

Zunächst herrscht betretenes Schweigen, bis Philippina das Eis bricht: „Ok, es hat natürlich mit Durchsetzung zu tun, wenn wir als Vertrieb uns in die Pläne der Produktion einmischen und siegreich aus der Auseinandersetzung herausgehen."

Das Schweigen wird noch betretener. Alle sind verblüfft über diese Äußerung.

Dann folgt Tim: „Für uns ist das jedes Mal eine Kränkung. Aber wir können dann natürlich auch immer sagen: Wir sind die armen Mitarbeiter und Mitarbeiterinnen in der Produktion, keiner hört uns zu, keiner wertschätzt unsere Arbeit. In solch einer Opferrolle lebt es sich manchmal auch ganz bequem."

Sprachlosigkeit macht sich breit. Doch dann bricht die Debatte los. „Nick, erklär noch mal genauer, wie das mit der Immunität gegen Veränderung funktioniert!" … „Ist ja irre, das ist wie in einer schlechten Ehe!" … „Wir haben uns ganz schön eingerichtet in unseren Schmollecken." … „Und es gibt eine solch ausgeprägte Grundfrustration in der Produktion, dass keiner mehr Lust hat, sich zu wehren. Wir verlieren ja doch immer!" … „Und wir im Vertrieb wissen, dass wir mit der Karte „Kunde" am Ende immer punkten können. Warum sollten wir uns noch viel Mühe geben, in Struktur und saubere Abläufe zu investieren. Ehrlich, so geht's doch viel einfacher!"

„OK, das bedeutet aber auch, dass auf der einen Seite die Entwicklung einer guten Schnittstelle zwischen Vertrieb und Produktion und Regeln des Vorgehens stehen. Dazu gehört aber auch und mindestens genauso wichtig die Auseinandersetzung mit Verhaltensmustern und Haltungen, mit der Kultur eben", meint Nick. „Und an beiden Themen würde ich gerne mit euch arbeiten!"

Wieder gibt es zunächst etwas betretene Gesichter. Dieses Mal bricht Tim Tacho das Eis: „Wir als Geschäftsführung haben uns für jeden von uns einen sehr persönlichen Plan gemacht: „Coach yourself to change!" An welchen Verhaltensmustern will jede und jeder arbeiten. Ich habe diesen Plan und Philippina auch." Philippina nickt bestätigend.

„Und ich gebe euch Brief und Siegel: Es tut zwar manchmal weh, wenn man so in den Spiegel guckt, aber ich habe schon eine Menge gelernt. Und ich hoffe, dass ihr das demnächst auch handfest an meinem Verhalten merkt! So soll es sein," macht Philippina klar.

Das sind für das Unternehmen vollkommen neue Töne, damit muss das Team erst einmal klarkommen. Die Geschäftsführung schreibt sich einen Personalentwicklungsplan …?

„OK, mein Eindruck ist, dass wir für heute viel geschafft haben und es einiges zu verdauen gibt. Ich würde vorschlagen, wir stimmen das weitere Vorgehen ab und vereinbaren einen nächsten Termin", schlägt Nick vor.

Das Team verständigt sich auf einen 2-Tages-Workshop, um Nägel mit Köpfen zu machen und wählt dafür ein Tagungshotel ca. 50 km vom Unternehmen entfernt. Dann sind Störungen ausgeschlossen. Alle sind sehr froh über die Moderation durch Nick.

Die Agenda des nächsten Workshops lautet:

- Was brauchen wir für die Zusammenarbeit auf prozessualer Ebene, um Kundenprojekte (mit Sonderlocken) möglichst frühzeitig für die Produktion planen zu können? Neue Regeln der Zusammenarbeit und der gegenseitigen Abstimmung, die Produktion bei Kundenbesuchen einbeziehen.
- Mit welchen alten Zöpfen, Verletzungen, Zuschreibungen in unseren Abteilungen müssen wir emotional umgehen, und wie wenden wir sie zum Positiven – Fortsetzung der heutigen Diskussion.
- Mein sehr persönlicher Change Plan: Vorbereitung im Vorfeld, Feedback von Kollegen bzw. Kolleginnen dazu einholen – quasi eine kleine Hausaufgabe.
- Vorgehen für die Kommunikation in Richtung Vertrieb und Produktion, aber auch ins gesamte Unternehmen. Implementierung und das Controlling, sowohl auf prozessualer Ebene als auch was Verhaltensmuster und Haltungen betrifft.

„Wir brauchen einen neuen Slogan, um an die festgefahrenen alten Muster ranzukommen. Er muss bildlich sein. Die Mitarbeiter und Mitarbeiterinnen werden uns das nicht von Anfang an glauben, dafür läuft diese Beziehungsklamotte schon zu lange," kommt es aus der Runde.

„Ein guter Vorschlag," meinen fast zeitgleich Philippina und Tim, „auch darüber können wir beim nächsten Mal sprechen."

- Ergänzung für die Agenda: Wir brauchen ein Motto!

Zufrieden mit diesem Auftakt jedoch auch in dem Wissen, dass es einiges zu tun gibt, gehen alle auseinander.

Tim hat aber noch ein zweites Thema, das ihm am Herzen liegt und von dem er denkt, dass es ihn und seine Produktion einen großen Schritt nach vorne bringen kann: KVP.

Er hatte sich – aufgrund der Anregung von Paula People – mit dem Produktionsleiter des Unternehmens, in dem Paula früher tätig war, ausführlich per Video-Call zu deren Konzept „Kontinuierliche Verbesserungsprozesse" ausgetauscht und gleich Ben Zuse für die IT dazu geholt. Wenn sie das neue Projekt zur Produktionssteuerung beteiligungsorientierter als früher geschehen, aufsetzen wollen, ist es gut, wenn Ben von Anfang an dabei ist.

Es war ein sehr aufschlussreiches Gespräch, und der Produktionsleiter hat auch einen ganzen Stapel Unterlagen geschickt. Diese waren sehr hilfreich. Er hat ebenfalls empfohlen, ein breites Informations- und Qualifizierungsprogramm aufzusetzen, wenn es richtig losgehen soll, aber zunächst erst einmal mit einem Pilotprojekt zu starten, um für das eigene Unternehmen und vor allem die eigene Kultur Erfahrungen zu sammeln

Was sind die Essentials des Konzepts:

- Mitarbeitende wissen, wo es klemmt und hakt und haben in der Regel viele Ideen, was man tun könnte. Diese Ideen werden häufig nicht abgeholt, es gibt keinen Kommunikations-Weg dafür. Das reguläre betriebliche Vorschlagswesen greift zu kurz.
- Moderierte Workshops mit einem klaren Format bringen Ideen zur Umsetzungsreife. Die Workshops tagen regelmäßig, idealerweise einmal pro Woche für ca. eineinhalb bis zwei Stunden und arbeiten so lange, bis die Idee zur Umsetzungsreife gebracht worden ist.
- Regeln für die Workshops:

  - Starten mit der Störungs-Analyse: Mindestens dreimal nach dem „Warum" fragen.
  - Es gibt keine dummen Fragen und keine dummen Vorschläge.
  - Zuhören, Vorschläge aufnehmen, konstruktiv Feedback geben.
  - Workshop-Ergebnisse im gesamten Team zur Diskussion stellen und Rückmeldungen abholen: Einverständnis, weitere Anregungen und Hinweise.
  - Bei der Umsetzung nicht aufgeben, wenn das Management nicht beim ersten Ansatz „hurra!" schreit.
  - Am Ende gemeinsam Erfolge feiern und gerne auch zwischendurch!

- Am besten ist es, interne Moderatoren und Moderatorinnen direkt aus den Bereichen auszubilden, die die Workshops anleiten. In jedem Bereich sollte es eine Workshopgruppe geben. Die Teilnahme an der Gruppe ist freiwillig.
- Zu Beginn nicht gleich mit den komplexesten Problemen starten, sondern sich machbare Themen vornehmen und das Konzept an ihnen erproben.

Soweit so gut. Es ist klar, dass sie dieses Vorgehen aktuell nicht ausrollen können, so spannend es ist. Sie haben einfach die Ressourcen nicht, so leid es ihnen tut. Es hat keinen Zweck, es halbherzig einzuführen. Und es soll ja auch Spaß machen und nicht gehetzt passieren. Das Thema kommt auf die Agenda für das kommende Jahr – definitiv.

Was bedeuten diese Essentials jedoch für das Projekt „Neue Produktionssteuerung"? Tim und Ben gehen in die Diskussion und erarbeiten folgende Prinzipien für ihr Vorhaben:

- Breite Befragung in der Produktion: Was läuft gut, was läuft nicht gut, wie sollte der optimale Prozess der Zukunft aussehen? Skeptiker und Skeptikerinnen abholen.
- Einbeziehung des Vertriebes, Befragung einer relevanten Anzahl von Kollegen und Kolleginnen dort: Was läuft gut, was muss sich verbessern, wie sieht die ideale Steuerung der Zukunft aus eurer Sicht aus? Auch darüber Arbeit an der Schnittstelle zum Vertrieb!
- Kick-Off-Veranstaltung, in der das Vorhaben genau erklärt und der Nutzen für alle Mitarbeitenden und vor allem für den Kunden deutlich gemacht wird.
- Aufsetzen eines Steuerungskreises für das Projekt mit Tim Tacho und Ben Zuse sowie der Projektleitung (über die die beiden noch einmal nachdenken wollen, sie hätten zwei Optionen dafür), jemandem vom Betriebsrat und mindestens einer Vertretung für jeden Teilbereich der Produktion.
- Breite Kommunikation in die Belegschaft, ggf. Intranetseite für das Projekt, Präsentationswand in der Produktion zum Projektgeschehen mit Erfolgsgeschichten und den Dingen, die im Projektverlauf nicht so gut funktionieren (Stichwort „lernende Organisation").

- Bei aller Standard-Software, die mit hoher Sicherheit implementiert wird: Ausprobieren von agilen und flexiblen Methoden, wenn es um Anpassungen an die Belange bei Solution geht.

„OK, damit gehen wir in die Geschäftsführung. Das sollten aus meiner Sicht Grundregeln für alle Projekte im Unternehmen werden. Ich bin schon mal ganz zufrieden", sagt Tim, und Ben nickt zustimmend mit dem Kopf: „Mit dem Projekt sollten wir einiges an Behinderungen, Störungen und Belastungen in der Produktion abbauen. Wir designen einen sauberen Prozess, das ist bitter nötig! Das wird uns am Ende viel verschwendete Energie sparen!" ergänzt Ben.

**Störungen und Belastungen im Unternehmen analysieren und abbauen – Konzepte der Arbeits-Psychologie**

Unklare Prozesse und Verantwortlichkeiten, häufige Störungen im Arbeitsablauf, technische Tools, die die Arbeitsprozesse nicht gut unterstützen, das kennt fast jeder und jede im Unternehmen. Hier bietet die Arbeitspsychologie ein gutes Konzept, das der sogenannten Regulationsbehinderungen (Leitner u. a. 1987 und Leitner u. a. 1993): Der Begriff klingt etwas technisch, aber das Wort drückt genau aus, was gemeint ist: Etwas behindert uns, unser Ziel zu erreichen, für das wir eigentlich einen guten Plan haben und dieses „Etwas" führt dann in der Regel zu zusätzlichem Aufwand oder verursacht psychische Belastung und Stress, weil es ärgerlich, zeitfressend, anstrengend und nervend ist (zur Analyse s. a. BAUA 2014 und zu Stress s. a. Greif u. a. 1991, die Übersicht von Zapf und Semmer 2004 oder auch das immer noch aktuelle Handbuch zur Gesundheitsförderung von Bamberg u. a. 1998).

Es wird konzeptionell unterschieden zwischen Regulationshindernissen und Regulationsüberforderungen.

Regulationshindernisse sind einerseits „Erschwerungen", die die Ausführung der Aufgabe schwieriger machen, z. B. durch

> fehlende Informationen (ich muss ständig Informationen hinterherlaufen, um meinen Job machen zu können) oder nicht angemessene Werkzeuge (die Säge ist stumpf, die Software veraltet, das Gerät für die Aufgabe nicht wirklich geeignet).
>
> Regulationshindernisse sind andererseits Unterbrechungen, die schlichtweg dazu führen, dass die Ausführung der Aufgabe aufgrund einer Störung durch andere Personen („permanent kommt jemand herein und will etwas von mir, ich werde immer wieder aus meiner Arbeit herausgerissen") oder durch funktionale Störungen oder Blockierungen (technisch bedingt) für eine Weile liegen gelassen werden muss. Anschließend muss man sich erneut in die Aufgabe hineindenken (… wo war ich gerade …).
>
> Regulationsüberforderungen sind Dinge, die eher einen Zustand darstellen, wie Zeitdruck bei der Aufgabenausführung (ich habe weniger Zeit als ich eigentlich für die Aufgabe benötige, um eine angemessene Qualität zu erzeugen) oder Umgebungsbedingungen in der Arbeit (Lärm, Hitze, schlechte Beleuchtung, mangelnde Ergonomie etc.).
>
> All diese Phänomene kosten in der Regel Zeit und zusätzliche Energie. Der Arbeitsfluss wird erschwert oder unterbrochen. Und dies führt zu Belastungen bei den Mitarbeitenden. Von daher sollte jedes Projekt im Unternehmen, das sich mit der Weiterentwicklung von Prozessen und der Einführung neuer Technologien befasst, diese Aspekte berücksichtigen und idealerweise abstellen.
>
> Sauber aufzeigen lassen sich diese Themen durch eine Arbeitsanalyse, die sich dezidiert mit einem Arbeitsplatz beschäftigt und diesen unter die Lupe nimmt. Die Analyse wird von einem externen Experten bzw. einer externen Expertin durchgeführt. Alternativ sind moderierte Workshops mit Mitarbeitenden gleicher oder ähnlicher Arbeitsaufgaben möglich, um gemeinsam – anhand der o. g. Kriterien – den Problemen auf den Grund zu gehen und natürlich gleichzeitig Lösungen aufzuzeigen.

Und beide wissen auch, das gute Prozesse den Vertrieb überzeugen werden, dass man mit der Produktion effektiv zusammenarbeiten und den Kunden pünktlich beliefern kann!

# Literatur

Bamberg, E., Ducki, A., & Metz, A.-M. (1998). Handbuch Betriebliche Gesundheitsförderung. Göttingen: Verlag für Angewandte Psychologie.

Bundesanstalt für Arbeitsschutz und Arbeitsmedizin BAUA (Hrsg.) (2014). Gefährdungsbeurteilung psychischer Belastung. Erfahrungen und Empfehlungen. Berlin: Erich Schmidt Verlag.

Greif, S., Bamberg, E. & Semmer, N. (Hrsg.). (1991). Psychischer Streß am Arbeitsplatz. Göttingen: Hogrefe.

Kegan, R. & Laskow Lahey, L. (2009). Immunity to Change. How to overcome it and unlock the potential in yourself and your organization. Boston: Harvard Business Press.

Leitner, K., Volpert, W., Greiner, B., Weber, W.G. & Hennes, K. (1987). Analyse psychischer Belastungen in der Arbeit. Das RHIA-Verfahren. Handbuch. Köln: Verlag TÜV Rheinland.

Leitner, K., Lüders, E., Greiner, B., Ducki, A., Niedermeier, R. & Volpert, W. (1993). Analyse psychischer Anforderungen und Belastungen in der Büroarbeit. Göttingen: Hogrefe. Verlag für Psychologie.

Zapf, D., & Semmer, N. K. (2004). Stress und Gesundheit in Organisationen. In H. Schuler (Ed.), *Organisationspsychologie – Grundlagen und Personalpsychologie* (S. 1007–1112). Göttingen: Hogrefe

# Episode 10 – Die Rolle der Mitarbeitenden im Change und das Kommunikationskonzept

Mittlerweile wird im Unternehmen viel diskutiert. Das Wort „Verantwortung" ist in aller Munde, und es wird immer wieder die Frage gestellt: Was bedeutet das, wenn ich mehr Verantwortung übernehme, und woran mache ich das fest? Darf ich dann mehr Entscheidungen fällen? Was passiert, wenn ich einen Fehler mache? Es wird immer klarer, dass die Rolle der Mitarbeitenden oder die Erwartungen an die Einzelnen deutlicher beschrieben werden müssen.

Paula diskutiert das Thema mit der Geschäftsführung und natürlich auch mit dem Betriebsrat. Heraus kommt, dass es einen Workshop mit Mitarbeitenden geben soll, in dem diese Rolle besprochen und klarer festgelegt wird. Und im zweiten Schritt braucht es eine Art Einführungsplan für die Implementierung der Rolle. Vielleicht ist Implementierung auch zu weit gegriffen: Neues Verhalten will gelernt werden, neue Haltungen brauchen zunächst einmal den Austausch darüber und die Reflektion.

Paula People erhält den Auftrag, den Workshop auf den Weg zu bringen. In Abstimmung mit der Geschäftsführung und unter Einbeziehung des Betriebsrats einigt man sich auf folgendes Vorgehen.

Alle Abteilungen delegieren einen Mitarbeiter bzw. eine Mitarbeiterin, sodass das gesamte Unternehmen vertreten ist. Es kommen ca. 25 Mitarbeitende zusammen. Ferner werden vom Betriebsrat zwei Kollegen bzw. Kolleginnen dabei sein und natürlich die Personalabteilung. Der Workshop bzw. es wird eine Reihe von Workshops sein, wird von Nick Lange moderiert.

Wie sieht die Agenda des ersten Treffens aus?

- Kurze Wiederholung der Hauptergebnisse der Kulturanalyse und der Kundenbefragung: Was wir brauchen, um auch künftig erfolgreich zu sein!
- Die Rolle der Mitarbeitenden früher: Was fanden wir bislang gut? Was hat uns in unserem Handeln gehindert oder eingebremst?
- Die neue Rolle: Was wünschen wir uns? Was braucht das Unternehmen in der Zukunft?
- Wo fühlen wir uns sicher, wo sind wir bei der neuen Rolle unsicher?
- Was brauchen wir, um uns in der neuen Rolle sicher zu fühlen?

Der Workshop startet, alle sind gespannt dabei. Das Vorgehen des Delegierens aus den Abteilungen hat für viele, viele Gespräche im Unternehmen gesorgt. Nun sitzen da Mitarbeitende zusammen, die sich wirklich von ihren Kollegen und Kolleginnen „beauftragt" fühlen, etwas zu formulieren. Das macht etwas, irgendwie entsteht Stolz!

Wie es immer so ist, wenn ein Thema angesprochen wird, das irgendwann auch persönlich werden kann, entsteht im Workshop bei der Diskussion der früheren Rolle der Mitarbeitenden eine emotionale Debatte. Das Spektrum deckt alles ab: vergangene Kränkungen, „ich durfte ja nie", Schuldzuschreibungen, Geschichten über Führungskräfte mit autoritärem Führungsstil, Geschichten über Mitarbeitende, die immer die Arbeit weggeschoben haben, Erzählungen über Ping-Pong-Spiele zwischen den Abteilungen und, und, und …

Irgendwann machen Konstanze und Paula gemeinsam einen Punkt (Abb. 1): „Das ist die Vergangenheit, ja, und wir können sie nicht komplett ablegen. Wir haben uns heute noch einmal klar vor Augen geführt, dass wir uns verändern müssen. Es führt kein Weg daran vorbei. Und ich denke, wir haben sehr, sehr deutlich gemacht, dass es alle Unterstützung dieser Welt geben wird, um Stück für Stück in die neuen Rollen hineinzuwachsen."

Die „Auskotz-Runde" und das „Machtwort" von Konstanze und Paula waren nötig, um dann in die konstruktive Arbeit einzusteigen.

Wie sieht die Skizze für die neue Rolle der Mitarbeitenden aus?

**Abb. 1** Paula und Konstanze machen ihren Punkt

- Unternehmensstrategie und Kundenbedürfnisse verstehen und wissen, was der Beitrag der eigenen Abteilung, des eigenen Teams und der persönliche Beitrag dazu ist.
  - Unterstützung dafür: Das muss ausformuliert und „übersetzt" werden. Die Teams brauchen in ihren Teambesprechungen Zeit, um sich darüber im Klaren zu werden.
- Leistung und Kennzahlen des Unternehmens verstehen, Zahlen heruntergebrochen auf den eigenen Bereich (soweit möglich), sonst qualitativ
  - Unterstützung dafür: ein bisschen Einführung in die BWL. Transparenz durch Visualisierung (Pinnwände o. ä. zu KPI's in den Abteilungen) und im Intranet.
- Digitalisierung und Prozessentwicklung vorantreiben, Kontinuierlichen Verbesserungsprozess (KVP) einführen: Mitarbeitende beteiligen
  - Unterstützung dafür: laufende Information zur Digitalisierungsstrategie und zu den aktuellen Projekten im Unternehmen. Training zu KVP, Moderationstraining, Einführungs-Projekt initiieren.
- Selbstführung und Verantwortungsübernahme: Spielregeln einführen, Feedbackkultur weiterentwickeln, Verantwortungsrahmen je Arbeitsplatz genauer beschreiben
  - Workshops zu Selbstführung für Mitarbeitende, Trainings zu Feedback-Kompetenzen für alle, Coaching-Training für die Führungskräfte, ein PE-Plan gemäß „Coach yourself to change" für alle.

Emotional wurde die Diskussion erneut beim Thema Selbstführung und Verantwortungsübernahme. Offensichtlich hatte der erste emotionale Ausbruch noch nicht ge-

## Episode 10 – Die Rolle der Mitarbeitenden im ...

reicht! Irgendwann konnten alle auf die sachliche Ebene zurückkommen. Nachfolgend das erste Ergebnis zu Verantwortungsübernahme und Spielregeln:

- Beschreibung je Arbeitsaufgabe mit dem folgenden Format: Aufgabe – eigene Verantwortung – eigener Beitrag woran messbar – Kooperation mit anderen und Information anderer
- Checkpoint Kundenorientierung, immer prüfen: Erfüllen wir das Kundenbedürfnis?
- Einholen von kollegialem Feedback, wenn es Fragen oder Unsicherheit gibt: Es gibt keine doofen Fragen!
- Führungskraft jederzeit als Sparringspartner*in nutzen, wiederum: Es gibt keine dummen Fragen, jede Frage ist erlaubt.
- Fehlerkultur – Vorgehen:
    - Fehlerprävention (zum Beispiel über KVP)
    - Fehler – wenn sie passiert sind, transparent machen
    - Gemeinsam aus Fehlern lernen

Natürlich entspann sich danach wieder eine Debatte (Abb. 2): „Das einzuführen, wird eine Mammutaufgabe." ... „Da brauchen wir Jahre!" ... „Ist doch egal, irgendwann muss man mal anfangen." ... „Dann müssen wir die Erfolge zeigen, aber auch die Misserfolge." ... „Jede größere Veränderung hat ihre ruckeligen Phasen, das geht gar nicht anders."

„Ok, wie machen wir jetzt weiter? Das ist ja die erste Version. Das müssen wir zurückspielen an die Geschäftsführung, an den Betriebsrat, an die Führungskräfte und die Kollegen und Kolleginnen ..." nimmt Nick Lange den Faden wieder auf.

Nach längerer Beratung werden Konstanze für den Betriebsrat und Paula in Richtung Geschäftsführung beauf-

**Abb. 2** Die Emotion geht auch mal hoch

tragt, die Ergebnisse zurück zu koppeln, Feedback einzuholen, und dann gibt es im Idealfall eine nächste Workshop-Runde zur weiteren Verfeinerung der Ergebnisse. Und anschließend stünde eine breitere Rückkoppelung bei den Führungskräften und bei den Mitarbeitenden auf der Agenda.

Paula wird schon einmal beauftragt, ein erstes Konzept für die Trainings und Workshops zu erstellen, damit man – wenn alle mit den Rollen soweit einverstanden sind – auch gleich die Unterstützung für die Umsetzung auf den Weg bringen kann. Paula's Personalentwicklerin hat einen vollen Schreibtisch und freut sich natürlich über dieses spannende und herausfordernde Projekt.

Verabredet wird ferner, sich auf Anregung von Nick Lange in einer der nächsten Besprechungen mit dem Thema Widerstand zu beschäftigen, denn nicht alle werden die neue Rolle auf Anhieb gut finden, und das aus den unterschiedlichsten Gründen: Angst zu versagen, Verlust der Komfortzone, persönlicher Wertekonflikt, Verlust von Kontrolle bei den Führungskräften …

Nick Lange freut sich schon darauf …

## Episode 10 – Die Rolle der Mitarbeitenden im ...

Um auch den konzeptionellen oder theoretischen Hintergrund menschlichen Handelns einmal anzuschauen und zu sehen, wie die Arbeitspsychologie Handeln beschreibt und wann es sich verändert, nachfolgend eine kurze Darstellung dazu.

> **Ein kleiner Einschub zum menschlichen Handeln aus der Sicht der Arbeitspsychologie und die Relevanz für Veränderung**
>
> Wann lassen Menschen die Dinge wie sie sind, und wann verändern sie etwas, weil sie dann ihre Ziele besser erreichen, sich besser weiterentwickeln können oder glücklicher und zufriedener sind? Diese Rechnung muss man ja aufstellen oder diese Abwägung treffen.
> Hier eine erste Antwort:
> Die Handlungstheorie bzw. die Handlungsregulationstheorie (vgl. Volpert 1975 oder auch Hacker 1986) erklärt das menschliche Handeln, unser Tun. Wie funktioniert menschliches Handeln? Es ist zunächst einmal
>
> - zielgerichtet
> - bewusst
> - gegenständlich und
> - in gesellschaftliche Zusammenhänge eingebunden und prozesshaft.
>
> Was ist damit im Einzelnen gemeint?
> **Zielgerichtet heißt,**
> dass der Mensch mit seinen Handlungen einen künftigen Zustand oder eher technisch gesprochen ein Soll erreichen möchte. Der Mensch möchte eben „von A nach B" kommen. Dieser Soll-Zustand oder das Ziel motivieren zu handeln. Zur Erreichung des Zieles müssen Aktivitäten geplant und Zwischenschritte bedacht werden. Das heißt, der Mensch nutzt seine kognitiven Fähigkeiten, plant und schätzt das Vorgehen ab. Ist das Handeln erfolgreich, kommen die Emotionen ins Spiel, also die emotionale Seite des Menschen: Wir freuen uns und sind stolz auf uns.

### Was meint bewusst?

Sich Ziele zu setzen und zu planen, das sind bewusste Vorgänge. Das heißt nicht, dass alle Ziele und alle Pläne permanent gegenwärtig sind. Ich kann sie mir jedoch bewusst machen, wenn ich das möchte, ich kann sie reflektieren, eben darüber nachdenken. Nicht sämtliche Anteile des menschlichen Verhaltens sind bewusst und zielgerichtet, das nicht. Wir haben eine Menge Automatismen bereit, zum Beispiel in der Körperbewegung. Diese psychischen Prozesse sind hier jedoch nicht gemeint und werden nicht als Handeln bezeichnet.

### Was heißt gegenständlich?

Mit der Charakterisierung des menschlichen Handelns als gegenständlich wird hervorgehoben, dass sich der Mensch praktisch tätig auf seine Umwelt bezieht und diese verändert. Der Mensch beeinflusst seine Umwelt. Gleichzeitig wird er jedoch auch von ihr bestimmt. Wenn ich zum Beispiel einen Spaziergang machen möchte und auf dem Weg einkaufen gehe, dann nehme ich nicht nur eine Einkaufstasche mit, sondern brauche bei regnerischem Wetter einen Regenschirm, und wenn die Sonne scheint, lasse ich ihn zu Hause.

Ziel des Handelns ist die Veränderung der äußeren Bedingungen des Menschen. Die äußeren Rahmenbedingungen müssen gleichzeitig für das Handeln berücksichtigt werden. Außerdem beeinflussen sie natürlich die Zielbildung. Wenn ich zum Beispiel einen Urlaub plane, um mich zu erholen und möglichst viel Sport zu treiben, kann ich das unter Corona-Bedingungen nicht so einfach tun wie vor oder nach der Pandemie. Meine Handlungsmöglichkeiten sind eingeschränkter, und das muss ich bei der Planung des Urlaubszieles berücksichtigen – vollkommen logisch!

Umweltbedingungen beinhalten somit Handlungsforderungen, sind also ein durch objektive Bedingungen gegebener Rahmen für das menschliche Tun. In der Arbeitstätigkeit sind dies zum Beispiel die Arbeitsaufgaben, die vom Unternehmen definiert und an die Mitarbeitenden gestellt werden.

### Was ist nun mit Eingebundenheit des menschlichen Handelns in gesellschaftliche Zusammenhänge gemeint?

Die Bedingungen des menschlichen Handelns sind historisch-gesellschaftlich entstanden und gewachsen. Der Mensch eig-

## Episode 10 – Die Rolle der Mitarbeitenden im ...

net sich Dinge an, die vorher entwickelt worden sind, er lernt sie. Menschliches Handeln ist von daher nicht phylo-genetisch prädestiniert, sondern es beruht auf gesellschaftlich entstandenen Erfahrungen, die jeweils weitergegeben werden. Und das menschliche Handeln geschieht in diesen gesellschaftlichen Zusammenhängen, es wird von ihnen mitbestimmt. Wir leben eben in einem gesellschaftlichen Rahmen, den wir beeinflussen können und der uns wiederum beeinflusst.

Handeln geschieht prozesshaft, in einem Handlungsgefüge. Einzelne Handlungen können nicht isoliert und abgehackt betrachtet werden, sondern der Gesamtzusammenhang ist wesentlich.

Handeln wird vom Menschen „reguliert". Das menschliche Handeln erhält quasi eine Form durch willentliches Tun. Im Prozess der Handlungsregulation werden

- Ziele gesetzt
- Handlungswege geplant
- Handeln ausgeführt
- Rückmeldungen über das bisher Erreichte oder auch nicht Erreichte verarbeitet und ggf. Pläne neu gefasst

Was bedeutet das für Veränderung, für Change? Der Mensch tut eigentlich die ganze Zeit nichts anderes, als etwas zu verändern, Ziele zu erreichen, Rahmenbedingungen zu prüfen und zu schauen, wie er erfolgreich sein kann und wie er sein Tun entsprechend anpassen muss. Von daher ist Veränderung dem Menschen inhärent. Durch sein Handeln lernt der Mensch laufend etwas Neues dazu. Natürlich können das kleine Dinge sein. Trotzdem: Der Mensch lernt.

Diese Sicht der Arbeitspsychologie ist wichtig für das Herangehen an Veränderungsprozesse. Es ist eben nicht so, dass Menschen sich und ihre Situation nicht verändern wollen, wie es häufig behauptet wird. Menschen wollen nur einfach persönlich die Kontrolle darüber haben, was sie verändern und zu welchem Zweck. Dann tun sie es auch!

Konstanze, Paula und Nick Lange sitzen nach dem Workshop noch zusammen und denken über die nächsten Schritte nach. „Kommunikation ist so wichtig! Wir müssen einfach dafür sorgen, dass intensiv und vor allen Dingen immer wieder positiv und motivierend über den Veränderungsprozess berichtet wird. Wir bohren hier einfach dicke Bretter!" meint Paula.

„Hol' dir einen klaren Auftrag von der Geschäftsführung, Paula. Und der Betriebsrat sollte dabei sein. Arbeitet ein Kommunikationskonzept aus. Und ich garantiere euch: Das bringt auch viel Spaß!" sagt Nick lächelnd.

Gesagt, getan. Paula bittet Wim darum, das Thema in der nächsten GF-Sitzung aufzunehmen. Und das passiert auch …

Wim, Beate, Philippina und Tim machen sich in der GF-Runde Gedanken zum Thema Kommunikation im Change: Tue Gutes und sprich darüber! „Ich finde, wir brauchen ein Motto, einen Slogan oder ein Logo. Irgendein Bild, das für sich spricht", meint Philippina. „Vielleicht sollten wir einfach eine Ausschreibung, einen Ideenwettbewerb machen und die Mitarbeitenden um Vorschläge bitten. Und wir bilden eine Jury und prämieren die drei besten Ideen," meint Beate, „für so etwas gebe ich ja mal gerne Geld aus!" fügt sie lachend hinzu.

„Ich finde, Paula und ihr HR-Team sollte ein vernünftiges Gesamtkonzept für die Kommunikation vorlegen," schlägt Tim vor, „aber das mit dem Ideenwettbewerb sollten wir auf alle Fälle machen. Ich bin mir sicher, der Betriebsrat wird begeistert sein."

Und damit haben Paula People und ihr Team ein neues Projekt auf dem Tisch.

Paula organisiert einen Workshop mit ihren HR-Kollegen und Kolleginnen, holt Konstanze für den Betriebsrat und Elke Maler, eine Mitarbeiterin aus dem Marketing dazu. Und Nick Lange ist dabei. Er bringt viel Erfahrung zum Thema Kommunikation im Change aus anderen Unternehmen mit. Man muss das Rad ja nicht immer neu erfinden. Und er hat auch Ideen, was man einmal lesen könnte (Abb. 3).

**Abb. 3** Kommunikation ist alles …

„Was wollen wir denn vor allem erreichen, was ist das Ziel der Information und Kommunikation?" fragt Nick Lange. Das Brainstorming beginnt … heraus kommt eine sehr klare Idee:

1. Begeistern
2. Überzeugen
3. Aktivieren, zum Mitmachen bringen
4. Zur Selbstreflexion anregen. Change heißt auch, sich selbst zu verändern. Also wieder „Coach yourself to change"!
5. Einen persönlichen Change-Plan (PE-Plan) erstellen und umsetzen

„Super, das heißt Information und Kommunikation ist gleichzeitig mit konkretem Tun verbunden. Besser kann es gar nicht sein. Aber dafür braucht es wiederum Hilfsmittel und Unterstützung", meint Konstanze und alle geben ihr recht.

„Aber lasst uns erst einmal den Methodenkoffer auspacken", meint Elke aus dem Marketing. Und das nächste Brainstorming nimmt seinen Lauf …

- Das Logo oder das Motto – den Ideenwettbewerb dazu soll es auf alle Fälle geben. Dann Plakate drucken und im gesamten Unternehmen sichtbar verteilen.
- Eine feste Seite im Intranet mit mindestens zwei Nachrichten pro Woche. Dafür braucht es ein kleines Redaktionsteam mit einem kurzen Abstimmungsweg zur GF, damit schnell entschieden werden kann. Das übernimmt HR.
- Change als Thema bei jeder Teambesprechung etablieren, hier persönliche Erfolge feiern und Dinge, die nicht gleich gut funktioniert haben, besprechen und daraus lernen. Dies mit den Führungskräften diskutieren und es etablieren. Die GF geht auf die Abteilungsleitungen zu.
- Anzahl der Betriebsversammlungen erhöhen, eine echte Mitarbeiterversammlung mit mehr Interaktion daraus machen, mehr und verschiedene Personen zu Wort kommen lassen, nicht immer nur den BR und die GF. Eine Jahresplanung dafür erstellen.
- Kleine Videoclips über Erfolgsgeschichten drehen, mit einfachen Mitteln, das muss nicht fernsehreif sein. Hierzu Vorschläge von Mitarbeitenden einholen.
- Kommunikation nach außen, auf der Internetseite und Kundenkommunikation für das Account-Management vorbereiten.

„Wenn Mitarbeitende einen persönlichen Veränderungs-Plan für sich selbst erstellen, ist das ja ein kleiner Personalentwicklungsplan. Und das ist genauso „Coach yourself to change", also das, was die Führungskräfte tun. Dafür braucht es ein Tool, ein Format, eine Hilfestellung", meint Paula.

„Können wir nicht eine App dafür einsetzen?" fragt Elke Maler, „das kann doch nicht so kompliziert sein, so etwas zu programmieren." Elke verspricht, sich einmal umzuschauen und den Markt zu screenen. Es braucht ja eigentlich nur einen kleinen Change- oder PE-Plan mit der Möglichkeit, immer wieder Fortschritte oder besondere Situationen einzutragen, Geschichten eben, über die man nachdenken möchte oder nachgedacht hat.

„Eigentlich kann das auch ein HR-Tool sein, das über eine App funktioniert. Ich spreche unseren HR-IT-Provider mal an", meint Paula, „es wäre schon schön, ein spielerisches Tool dafür einsetzen zu können."

Paula übernimmt es auch, eine Zusammenfassung für die Geschäftsführung zu schreiben und sich einen offiziellen Auftrag für die vielen Maßnahmen abzuholen. Und dann kann die Implementierung und vor allem die innerbetriebliche Abstimmung dazu beginnen.

„Und ich denke mal, meine BR-Kollegen und Kolleginnen werden auch zufrieden sein. Wir nehmen die Change-Themen natürlich auch mit auf unsere BR-Seite im Intranet und werden eine Redaktionsgruppe dazu bilden. Wir wollen ja schon mithalten können!" schließt Konstanze die Diskussion ab.

Nachfolgend noch einige Literaturtipps zur generellen Bedeutung von Kommunikation für die menschliche Interaktion (Watzlawick 2016), zur Relevanz von Kommunikation im Change (Deutinger 2017) und eine Sammlung von Methoden zur Strukturierung von Kommunikation im Change (van Aerssen 2022).

Ansonsten lässt sich auch Konrad Lorenz zitieren: „Gedacht heißt nicht immer gesagt, gesagt heißt nicht immer richtig gehört, gehört heißt nicht immer richtig verstanden, verstanden heißt nicht immer einverstanden, einverstanden heißt nicht immer angewendet, angewendet heißt noch lange nicht beibehalten" (siehe www.gutezitate.com).

# Literatur

Deutinger, G. (2017). 2., aktualisierte und vollständig überarbeitete Auflage. Kommunikation im Change. Erfolgreich kommunizieren in Veränderungsprozessen. Berlin: SpringerGabler.

Hacker, W. (1986). Arbeitspsychologie. Psychische Regulation von Arbeitstätigkeiten. Berlin: VEB Verlag der Wissenschaften.

Volpert, W. (1975). Die Lohnarbeitswissenschaft und die Psychologie der Arbeitstätigkeit. In: Groskurth, P. & Volpert, W. (Hrsg.). Lohnarbeitspsychologie. Frankfurt/M.: Fischer Taschenbuch Verlag.

Van Aerssen, B., Buchholz, Chr. & Burkhardt, N. (Hrsg.) (2022). Das große Handbuch Digitale Transformation. 222 Methoden und Instrumente für mehr Wandlungsfähigkeit in Unternehmen. München: Verlag Franz Vahlen.

Watzlawick, P., Beavin, J.H. & Jackson, D.D. (2016). Menschliche Kommunikation. Formen, Störungen, Paradoxien (13., unveränd. Edition). Göttingen: Hogrefe.

# Episode 11 – Vertrieb, Haltung, Kunde – Widerstände gehören dazu

Nach der Durchführung der Kundenbefragung und dem Workshop zur Schnittstelle mit der Produktion hat Philippina Fly ein ganztägiges Meeting mit ihrem Leadership-Team angesetzt. Ziel ist es, eine Sicht und gemeinsame Haltung zu den Themen zu entwickeln und dann die nächsten Schritte abzustimmen. Auch der Vertrieb muss sich weiterentwickeln, und Philippina ist gespannt, was da so von den Kollegen und Kolleginnen kommt.

Doch wie immer starten sie mit den üblichen Geschäftskennzahlen, die allerdings an der ein oder anderen Stelle zu wünschen übriglassen und mit dem Forecast für die nächsten Monate.

Wer ist dabei?

- Gerhard Reuter, Vertrieb Europa. Gerhard ist schon sehr lange im Unternehmen und kennt es wie seine Westentasche. Er leitet das größte Geschäftsgebiet.

- Marina Wachsmut, Vertrieb USA und Lateinamerika, seit 2 Jahren an Bord und immer offen für Neues.
- Sabrina Rickling, Vertrieb Asien, seit 10 Jahren im Unternehmen, die Innovatorin im Team.
- Kim Willes, verantwortlich für Afrika und den Mittleren Osten, im Unternehmen groß geworden, also auch schon lange dabei. Es gibt eigentlich kein Problem, das er nicht lösen kann.

„Also so schlecht sieht es doch gar nicht aus. Ich weiß nicht, was ihr immer habt", meint Gerhard Reuter, „ich habe schon schlechtere Ergebnisse gesehen. Man muss ja auch immer die Konjunktur betrachten. Das wird schon wieder."

„Na ja, das sehe ich etwas anders", findet Marina, „für mich sind dies erste Warnsignale. Und sieh' dir doch die Ergebnisse der Kundenbefragung an. Die spricht für sich. Wir sind nicht schnell, nicht innovativ genug, einfach an vielen Stellen nicht nah genug am Kunden dran. Das müssen wir ändern."

„Also ich habe letztens von einem Kollegen aus meinem Netzwerk von einem Sales-Profiling gehört. Mit dem Tool kann man die individuelle Vertriebskompetenz eines Account Managers oder einer Managerin nach verschiedenen Kriterien einschätzen und daraufhin ein Vertriebs-Trainings-Programm aufbauen, um sich systematisch weiterzuentwickeln. Und ich finde schon auch, dass wir häufig zu spät mitbekommen, was beim Kunden los ist," schlägt Sabrina vor.

„Ich sag' jetzt mal aus dem Bauch heraus: Auch wenn die Zahlen nicht im Keller sind, umso besser. Dann haben wir doch jetzt Zeit, uns mittel- bis langfristig Gedanken zu machen, was wir anders machen müssen. Besser so, als wenn es zu spät ist und die Kunden zum Wettbewerb gehen," ist Kim's Meinung.

So geht es noch eine Weile weiter, allerdings wird Gerhard immer abwehrender und geht regelrecht in die

Verteidigungshaltung: „Wisst ihr was, ich habe so viele Themen auf dem Tisch, das ist jetzt wirklich nicht meine Priorität. Und ich wüsste ehrlich gesagt nicht, was ich falsch gemacht haben sollte."

„Es geht nicht um falsch oder richtig, es geht doch darum, was heute und morgen gefordert ist, um übermorgen noch erfolgreich zu sein. Es geht um die Zukunft!" Nun wird Philippina vehement, und alle gucken auf Gerhard.

„Macht, was ihr wollt, ich kann jedenfalls jetzt nichts ausarbeiten. Wie gesagt, mein Tisch ist voll. Wenn ihr was verändern wollt, dann kümmert euch darum. Ich schaue mir das dann gerne mal an," ist Gerhard's Antwort.

„OK, jetzt lasst uns erst einmal eine Pause machen", meint Philippina. „Dann sehen wir uns die Ergebnisse der Kundenbefragung noch einmal genauer an. Anschließend würde ich vom Workshop mit der Produktion berichten. Und dann, Sabrina, könntest du noch etwas mehr von diesem Vertriebs-Profiling erzählen, das klingt interessant."

Philippina schnappt sich Gerhard Reuter in der Kaffeepause: „Was ist denn los mit dir? Ist dir eine Laus über die Leber gelaufen?" „Ne", sagt Gerhard, „ich habe nur den Eindruck, unsere Leistung wird überhaupt nicht gewürdigt. Die Produktion setzt sich gerade durch und will, dass alle nach deren Pfeife tanzen. So sind wir aber nicht erfolgreich!" „Hör' doch erst einmal zu. So, wie wir jetzt mit der Produktion interagieren, geht es nicht weiter, da muss sich etwas tun. Wir verlieren zu viel Geld und damit Marge. Lass mich gleich mal berichten," versucht Philippina ihn positiv zu stimmen. Gerhard guckt sparsam.

Nach der Kaffeepause schaut sich das Team noch einmal in Ruhe die Ergebnisse der Kundenbefragung an. „Wir verschwenden Möglichkeiten und damit Geschäft. Die Befragung allein hat schon gezeigt, dass die Kunden an mehr

Dialog interessiert sind und gemeinsam Lösungen entwickeln wollen. Wir müssen uns hier konzeptionell und von den Kompetenzen der Teams her weiterentwickeln", findet Philippina, und alle nicken mit dem Kopf, bis auf Gerhard. Philippina lässt das erst einmal so stehen.

Anschließend berichtet sie vom Workshop mit der Produktion. Hier gibt es viel Zustimmung, auch wenn alle wissen: Sie müssen sich von althergebrachten Verhaltensmustern verabschieden, heißt eben mal schnell nach der Feuerwehr-Manier einen Brand löschen, um hinterher als Held oder Heldin dazustehen. „Belohnung" wird es künftig – hoffentlich – über saubere Prozesse und einfach eine gute und entspanntere Zusammenarbeit mit der Produktion geben und weniger über individuelles Heldentum.

„Also wisst ihr was, jetzt wird es wirklich komisch. Ich arbeite seit über 25 Jahren in diesem Unternehmen. Das könnt ihr euch abschminken, das funktioniert nie," bricht es aus Gerhard heraus, „die Produktion ist zu dieser Art von Zusammenarbeit einfach nicht in der Lage!"

Alle gucken betreten! Natürlich sind die Konflikte, die Gerhard mit der Produktion hat, bekannt, natürlich kennen alle die Machtspiele und wissen ganz genau, warum Philippina zunächst einmal allein in den Workshop mit der Produktion gegangen ist, ohne gleich die Kontrahenten an einen Tisch zu bringen. Aber offensichtlich muss Konfliktklärung jetzt auf die Tagesordnung kommen.

Philippina muss sich sehr zusammennehmen: „Was ist dein Vorschlag, Gerhard?"

„Weiß ich auch nicht! So geht es jedenfalls nicht", ist das, was Gerhard augenblicklich beisteuern will.

„OK, lass uns einen separaten Termin machen, du und ich, bei dem wir die Themen noch einmal sortieren. Und dann sehen wir weiter," schlägt Philippina vor, und so wird es gemacht.

Sabrina's Bericht vom Sales Profiling klingt spannend, so nimmt sie den Auftrag mit, einen Kontakt herzustellen und mit Paula People zu sprechen. Hier muss ja auch HR und die Personalentwicklung an Bord.

Was ist das Ergebnis des Tages:

- Es gibt eine breite, gemeinsame Sicht, dass der Vertrieb sich weiterentwickeln muss!
- Kim Willes wird sich um das Teilprojekt „Customer Proximity", also Kunden-Nähe kümmern. Hier schwebt allen eine Weiterentwicklung der Kundenmatrix mit diesem Aspekt vor. Und dann muss das mit allen Sales-Teams diskutiert werden. Einige werden das gut finden, andere werden eher skeptisch sein. Da gilt es, Überzeugungsarbeit zu leisten.
- Die Schnittstellengestaltung zur Produktion wird mehrheitlich begrüßt. Philippina wird das Thema weiterverfolgen und berichten. Irgendwann wird es einen Vorschlag zur konkreten Zusammenarbeit mit der Produktion geben. Dieser Vorschlag soll dann breiter in den Teams diskutiert werden. Da braucht es Feedback und die Haltung, wirklich etwas verändern zu wollen.
- Sabrina kümmert sich um das Sales-Profiling.
- Es wird klar festgehalten, dass es große Skepsis von Gerhard's Seite gibt. Sein Konflikt mit der Produktion, gefühlt hundert Jahre alt, muss auf den Tisch. Philippina und Gerhard werden sich zusammensetzen und zunächst einmal sortieren. Das finden alle gut, Gerhard allerdings mit einem Stirnrunzeln.

### Widerstände im Veränderungsprozess

Widerstände im Veränderungsprozess sind NORMAL. Es wäre merkwürdig, wenn alle Betroffenen sofort „hurra" rufen würden, wenn sich etwas verändern soll, auch wenn eine Veränderung augenscheinlich und auf den ersten Blick als sinnvoll oder logisch und folgerichtig erscheint.

Welches sind typische Gründe?

**Aufwand**: Veränderungen kosten Aufwand – Ressourcen und ggf. persönliche Anstrengung – und diesen möchte man nicht immer aufbringen. Das kann zum Beispiel Zeit und Energie für das Implementieren neuer Prozesse und damit am Ende neuer Verhaltensweisen sein, der Abschied von bekannten Dingen und Gewohnheiten, das Erlernen neuer Kompetenzen etc.

**Überforderung**: „Ich kann das nicht, ich schaffe das nicht …" also die Sorge, der Veränderung nicht gerecht zu werden, die Fähigkeiten und Kompetenzen, die künftig erforderlich sind, nicht mitzubringen oder erlernen zu können.

**Angst**: Überforderung erzeugt auch schnell Angst, die Angst, zu versagen, die Position oder den Arbeitsplatz zu verlieren, das Gesicht zu verlieren und sich zu blamieren, gekränkt zu werden, zu scheitern oder einfach in Zukunft weniger Anerkennung und Zuwendung zu bekommen.

**Macht**: Hier geht es um Interessen und Einfluss oder auch um den Status. Kann ich mich nach wie vor so durchsetzen wie bislang oder verhindert das neue Vorgehen, der neue Prozess, die neue IT, die neue Organisation dies? Verliere ich an Position und Einfluss, so wie ich ihn gerne behalten möchte?

Sicher gibt es noch vielfältige andere Gründe, die Aufzählung soll erst einmal reichen. Ich denke, sie macht deutlich, worum es geht.

Was tut man in solchen Situationen bzw. bei diesen Widerständen? Im Grunde sind es Konflikte, Konflikte um Ressourcen, Konflikte mit anderen und auch mit sich selbst, dazu siehe unten zwei Literaturhinweise: Glasl (2022) und Redlich (1997). Von daher helfen die Methoden des Konflikt-Managements sehr. Für die tiefere Analyse von Widerständen helfen auch die Ansätze von „Immunity to Change" (2009) (siehe oben).

**Abb. 1** Philippina und Gerhard sprechen sich aus …

Philippina kümmert sich nach dem Meeting sehr zügig um das Gespräch mit Gerhard. Sie will es gar nicht auf die lange Bank schieben! Und Gerhard weiß, dass er nicht ausweichen kann (Abb. 1).

So sitzt Gerhard, als das Gespräch ansteht, in seinem Büro am Schreibtisch, und ihm ist nicht wohl dabei. Er kennt das Unternehmen und seine „Pappeneimer", er hat so viele Erfahrungen mit der Produktion, überhaupt mit der ganzen Firma, ihm kann man einfach nichts mehr vormachen. Und dieser ganze psychologische Kram, das bringt alles nichts. Man kann auch nicht alles in irgendwelche Strukturen packen, für manche Dinge braucht es einfach Freiräume, und warum ist er Führungskraft, wenn er diese Freiräume eben nicht auch auskosten will. Er hat sich mit Philippina und ihren neuen Ansätzen einigermaßen arrangiert, so lange es ihn nicht zu sehr eingrenzt. Aber genug ist mal genug.

Philippina steht in der Tür: „Na, alles ok?"

„Komm' rein. Möchtest du einen Kaffee?" fragt Gerhard.

„Gerne. Du auch? Dann schauen wir mal, was eure Kaffeemaschine so alles zaubern kann." Und die beiden gehen in die Teeküche.

Da treffen sie Ben Schulz, einen Junior Account Manager, der von Gerhard begleitet wird. „Hallo Ben, wir geht's? Was machen deine Kunden?" fragt Philippina. Und Ben lässt es sich natürlich nicht nehmen – wenn er schon mal die Chefin trifft – von seinen Kunden und auch den Problemen zu berichten. „Im Moment ist es so, dass der Wind rauer wird und ich Probleme habe, mich gegen den Wettbewerb durchzusetzen. Es geht immer nur um den Preis. Das Verhältnis zum Kunden ändert sich. Ich will aber natürlich mit unserer Qualität und unseren Innovationen punkten, mit Service und eben einer exzellenten Lieferkette, um so die Beziehung zum Kunden zu stärken!" … „Genau da wollen wir hin," sagt Philippina, „ich bin absolut deiner Meinung. Dazu sitzen Gerhard und ich auch gleich zusammen …" Gerhard grummelt, schnappt sich seinen Kaffee und geht in sein Büro. Philippina folgt ihm und freut sich über diesen Einstieg in das Gespräch.

„OK, Gerhard, jetzt mal „Butter bei die Fische". Ich möchte dir zuhören. Dir gefällt dieser ganze Ansatz nicht. Ich verstehe dich, du hast deine Erfahrungen gemacht. Aber wir haben ein Kostenproblem, und ich setze viel auf eine andere Zusammenarbeit mit der Produktion und übrigens auch auf eine stärkere Einbindung der Entwicklung in den Sales-Prozess. Mit Albert Einstolz kann man sich einfach bei bestimmten Kunden sehr gut sehen lassen, das möchte ich mehr nutzen. Nun schieß mal los", fordert Philippina Gerhard auf.

Gerhard packt aus, berichtet von vielen mühevollen Gesprächen mit der Produktion, mangelnder Flexibilität, seinem Bluthochdruck und eben einfach dem Mechanismus, die Produktion mit dem Kunden unter Druck zu setzen. Dieses Mittel hat in den letzten Jahren immer funktioniert.

## Episode 11 – Vertrieb, Haltung, Kunde ...

„Aber genau bei diesen Themen brauche ich dich, Gerhard. Das muss doch auch mal auf den Tisch. Wir machen eine Stärken- und eine Schwächen-Liste, für beide Seiten, für uns und für die Produktion, wobei es da ja schon anfängt: Ich will gar nicht mehr über IHR und WIR reden. Und guck' mal, ich muss ja auch an meinen Emotionen arbeiten. Was denkst du, wie schwer mir das fällt," macht Philippina deutlich.

Gerhard grinst. Er kennt Philippina natürlich genau. „Ich bin nicht überzeugt, Philippina. Ich weiß, du willst da etwas Neues versuchen. OK, mach' das. Ich schau' mir das an. Aber Energie will ich einfach im Moment nicht investieren. Du weißt, ich habe den ersten Herzinfarkt hinter mir, das will ich nicht noch einmal erleben."

„Und genau das wollen wir ja auch durch bessere Prozesse vermeiden!" kann Philippina sich nicht verkneifen, darauf zu antworten.

Die beiden gehen mit einer Art Stillhalte-Abkommen auseinander. Philippina arbeitet weiter an ihren Projekten, erst einmal ohne einen Beitrag von Gerhard. Gerhard geht in die Beobachter-Rolle, opponiert aber auch nicht. Die beiden vereinbaren jedoch, sollte es auf einer Seite ein gravierendes Störgefühl geben, aufeinander zuzugehen und das Gespräch zu suchen. Mehr ist im Moment nicht drin! Beide sind jedoch für den Moment auch erleichtert.

Ein bisschen Hintergrundforschung: Wie sieht die Motivlage der beiden Kontrahent*innen aus? Philippina sitzt nach dem Gespräch mit Gerhard bei einer Tasse Tee am Schreibtisch und denkt über ihre eigene Motivlage und über die von Gerhard nach. Sie führt sich ihren eigenen „Coach yourself to Change – Plan" vor Augen und überlegt, wie ein solcher Plan für Gerhard aussehen könnte ....

Coach yourself to change – Philippina:

Philippina hat in der Vergangenheit genauso wie Gerhard agiert: Kunden vorschieben, um sich in der Produktion und in der Geschäftsführung durchzusetzen. Ihr ist klar, dass das auf Dauer nicht zum Erfolg führt. Zahlengetrieben wie sie ist, sieht sie die Chance, mit neuen Prozessen Geld zu sparen. Marketing-getrieben wie sie ist, wittert sie Morgenluft, was Stories für die Kunden betrifft: Gute Prozesse lassen sich eben auch als Qualitätsargument nutzen. Sie liebt es, erfolgreich zu sein und hat zusätzlich das Ziel, das Unternehmen weiter zu modernisieren. Also muss sie an alte Zöpfe ran. Dass sie sich in der Kommunikation mit Tim Tacho sehr zurücknehmen muss, ist ihr klar. Das nimmt sie auf sich, um langfristig Umsatz zu erzielen. Philippina muss am eigenen Verhalten und an ihrer Haltung etwas tun, aber ihre Werte nicht verändern.

Coach yourself to change – Gerhard:

Gerhard hat mehr als 25 Jahre Erfahrung in Sales und ist mit dem Unternehmen gewachsen. Er ist derjenige, der immer wieder die Kartoffeln aus dem Feuer geholt hat, und das schafft er, weil er jeden und jede kennt und weiß, wo er mit Charme und wo mit Druck agieren muss. Für dieses Vorgehen ist er sehr oft honoriert worden, monetär und vor allem auch mit unternehmens-öffentlicher Anerkennung. Dieses Vorgehen hat aber auch zu gesundheitlichen Problemen geführt. Sein Arzt hat ihm attestiert, dass der Infarkt auch stressbedingt war. Gerhard ist nicht der Systematiker, sondern agiert eher Bauch-getrieben. Mit mehr Regeln oder einer „geordneten Schnittstelle" zur Produktion zu arbeiten, nimmt ihm seine Spielwiese. Seine Stärke ist Trouble-Shooting, nicht Prozessgestaltung. Das heißt, er fürchtet den Verlust von Möglichkeiten, Anerkennung zu gewinnen, der Freiheit, nach seiner Art zu agieren und hat die Sorge, mit der neuen Struktur einfach nicht zurecht zu kommen. Es geht also nicht nur um Verhalten und Haltung, sondern auch um Kompetenz und persönliche Entwicklungsfelder. Daran zu arbeiten, ist herausfordernd. Klar ist, dass für diese Reise ein einzelnes Gespräch nicht ausreicht. Philippina und Gerhard werden sich noch oft unterhalten müssen, und Gerhard wird sich vielleicht auch eine systematische externe Reflexion suchen, um seine Themen anzugehen. Er muss noch 10 Jahre arbeiten. Eigentlich hat er keine Lust, das Unternehmen zu wechseln, obwohl er immer auch einmal mit dem Gedanken gespielt hat.

Einige Woche später hat Philippina zur nächsten Vertriebssitzung mit ihren regionalen Leitungen Gerhard Reuter, Marina Wachsmut, Sabrina Rickling und Kim Willes eingeladen. Schwerpunkt der Runde soll das Thema Vertriebsentwicklung und Trainingsprogramm sein. Sabrina wird von ihrer Recherche zum Vertriebs-Profiling berichten, und dann sollte ein Konzept oder zumindest eine Idee dafür entstehen, mit dem man auf Anbieter zugehen kann, um sich Angebote einzuholen.

„Also, ich hatte ja den Auftrag mitgenommen, einmal zum Thema Vertriebs-Profiling zu recherchieren und bin auch fündig geworden. Es gibt wirklich interessante Ansätze," startet Sabrina.

„Also ehrlich gesagt, mir graust es jetzt schon, wenn ich diese Vokabeln höre," wirft Gerhard ein. „Das hört sich ja nach Kriminalistik an. Wir sind doch keine Verbrecher!"

„Ach Gerhard. Jetzt mach' mal einen Punkt. Es geht darum, dass wir uns weiterentwickeln, lass uns doch erst einmal zuhören," schreitet Philippina ein, wissend, dass es noch ein langer Weg sein wird, Gerhard für den Veränderungsprozess an Bord zu bekommen.

Sabrina lässt sich nicht verunsichern und berichtet, was sie herausgefunden hat:

- Beim Vertriebs-Profiling geht es darum, die Kernkompetenzen zu evaluieren, die den Vertriebs-Mitarbeitenden in der Interaktion mit dem Kunden helfen, erfolgreich zu sein, also solche Dinge wie gute Fragen stellen, mit denen man herausfindet, was der Kunde oder die Kundin wirklich braucht, zuhören können, nicht aufgeben, wenn es nicht gleich klappt mit dem Kontakt und dran bleiben … Das Ganze funktioniert über einen online-Fragebogen, ist also leicht auf den Weg zu bringen. Anschließend gibt es einen individuellen Report. Man kann aber auch Auswertungen auf Gruppenebene, quasi für das Unternehmen machen und sich benchmarken lassen. Dann sieht man, wo der Vertrieb von Solution im Vergleich zu ähnlichen Unternehmen steht!

- Die Kompetenzen lassen sich auch in Relation stellen zu unterschiedlichen Phasen im Vertriebsprozess, also in welcher Phase ist welche Kompetenz besonders wichtig: bei der ersten Kundenansprache, bei der Präsentation der Produkte und Lösungen, bei der Preisverhandlung, bei der Kundenpflege etc.
- Und das Vertriebs-Profiling lässt sich mit einer Analyse der Führungskompetenz kombinieren, wäre also auch für die Führungskräfte-Entwicklung ein gutes Tool.
- Ziel ist es immer, eine Standortbestimmung zu machen und darauf einen persönlichen Entwicklungsplan aufzusetzen. Also kann man auch hier mit „Coach yourself to change" arbeiten. Dann könnten zusätzlich Trainings und Workshops starten.
- Zunächst sollte allerdings die Weiterentwicklung der Vertriebs-Methoden bei Solution selbst in den Blick genommen werden, also zum Beispiel so etwas wie eine „Customer-Intimicy-Matrix", die für die Kundenbearbeitung handlungsleitend wird oder eben die Weiterentwicklung der Vertriebs-KPI's. Dann könnten die neuen Methoden in den Trainings gleich mit aufgenommen werden, und es wäre ein ganzheitliches Konzept.

- Im Idealfall erfolgt die Auswahl der Trainingsanbieter gemeinsam mit einem Team aus dem Vertrieb, also unter Einbezug der Key Account Manager und Managerinnen, um die Akzeptanz zu erhöhen.
- Sinnvoll wäre es auch, das neu Gelernte bei bestimmten Kunden auszuprobieren, erste Erfahrungen zu sammeln und diese gemeinsam auszuwerten. Dann wird daraus ein echter gemeinsamer Lernprozess.

„Was haltet ihr davon?" fragt Sabrina.

Die Diskussion startet, es gibt Nachfragen, die Prioritäten, der Zeitplan und die erforderlichen Ressourcen werden reflektiert und klar wird: Solch ein Programm fällt nicht vom Himmel und will sauber vorbereitet werden. Und es ist ja auch sinnvoll, eher einen längerfristigen Veränderungs- und Lernprozess auf den Weg zu bringen als zu meinen, alle Inhalte in einem Rutsch wie mit dem Nürnberger Trichter zu verabreichen. Das erzeugt nur Verdauungsprobleme. Außerdem ändert sich die Haltung nicht von heute auf morgen, sondern braucht Diskussion und Reflexion, und darauf freuen sich auch (fast) alle.

Gerhard ist erstaunlich ruhig und hält sich zurück. Philippina ist klar, dass sie sich noch einmal in Ruhe mit ihm zusammensetzen muss.

„OK, wie gehen wir weiter vor. Sabrina, könntest Du mit HR sprechen, wir brauchen ja jetzt den Personalbereich an Bord," schlägt Philippina vor.

„Schon passiert, ich wollte nur die heutige Besprechung abwarten, und dann gehe ich auf Paula zu. HR kann uns ja auch konzeptionell helfen, eine vernünftige Briefing-Unterlage für die Anbieter zu entwickeln," antwortet Sabrina.

Nach der Behandlung der anderen mehr operativen Themen löst sich die Runde auf.

„Gerhard, hast du noch einen Moment für mich?" geht Philippina auf Gerhard zu, bevor er den Raum verlässt.

„Hm, einen Moment ja," antwortet Gerhard.

„Was ist los. Du warst still. Das war eine wichtige Diskussion, und du hast dich kaum eingebracht," versucht Philippina das Eis zu brechen.

Als Antwort kommt im Grunde eine Wiederholung des Gesprächs, dass sie vor einer Weile hatten: Das ist nicht sein Ansatz, er schätzt die Kundenbedürfnisse anders ein, das Profiling ist wirklichkeits-fremd, der Trainingsbedarf seines Teams liegt eher im Bereich Verhandlungsführung, und wenn die Produktion sich mehr bewegen würde, gäbe es viele Probleme mit dem Kunden gar nicht. Und außerdem würde er sich ja auch mit Kollegen und Kolleginnen vom Wettbewerb unterhalten, die würden das ähnlich sehen, wenn es um die Entwicklung ihrer Vertriebs-Teams ginge ….

„Auch wenn du so große Bedenken hast, hätte ich dich gerne weiter bei der Konzeptentwicklung dabei, Gerhard. Lass uns den Kollegen und Kolleginnen aus dem Account Management noch einmal zuhören. Ich will genauso wie du ein Programm, das uns alle nach vorne bringt. Es muss bedarfsorientiert sein!" versucht Philippina es noch einmal. Aber sie hört die Zwischentöne. Gerhard ist in der Industrie gut vernetzt. Er ist schon lange im Unternehmen, doch das wird ihn nicht hindern, sich umzuschauen. Dazu kennt sie ihn gut genug ….

## Literatur

Glasl, F. (2022). Selbsthilfe in Konflikten (9., aktualisierte und erweiterte Auflage). Stuttgart: Verlag Freies Geistesleben. Bern: Haupt Verlag.

Kegan, R. & Laskow Lahey, L. (2009). Immunity to Change. How to overcome it and unlock the potential in yourself and your organization. Boston: Harvard Business Press.

Redlich, A. (1997). Konfliktmoderation. Hamburg: Windmühle GmbH.

# Episode 12 – Eine Diskussion zum Thema Strategieprozess im Unternehmen, und was der Eigner so denkt …

Dienstag morgen, die wöchentliche Runde in der Geschäftsführung steht an, alle trudeln – bestückt mit Kaffee, Tee und Notebook – im Besprechungsraum ein. „Moin allerseits", hallt es durch den Raum.

„Ich hatte es ja angekündigt: Ich möchte gerne einen Strategieprozess im Unternehmen etablieren. Strategie kann nicht die alleinige Aufgabe der Geschäftsführung sein. Ich hätte gerne einen Prozess, der – von uns angeregt – die Bereiche in die Diskussion bringt und dafür sorgt, dass sie mit ihren eigenen Ideen und Vorschlägen für die mittel- bis langfristige Entwicklung des Unternehmens kommen. Das nehmen wir auf, konsolidieren es gemeinsam mit den Bereichen und brechen es final auf konkrete Ziele herunter!" sagt Wim Wendig zur Einleitung.

„Wenn wir Ernst damit machen wollen, die Kultur zu verändern und die Führungskräfte mehr in die Verantwortung zu nehmen, dann müssen sie am Strategieprozess beteiligt sein und ihn wesentlich mit füttern, wenn ich es mal so beschreiben darf. Wenn schon neue Kultur, dann richtig und bei allen Aspekten der Unternehmenssteuerung!" macht Wim seinen Punkt.

Eine lebhafte Diskussion entsteht, allerdings nicht nur mit Befürwortern … „Ich weiß doch, wo ich technologisch in 5 Jahren stehen muss, und die Innovationspipeline ist uns doch auch klar." … „Also vertrieblich mache ich das sowieso schon. Einmal im Jahr diskutieren wir unsere Businessziele – insgesamt und auf die Schlüsselkunden bezogen." … „Also was die Finanzkennzahlen betrifft, da können wir schon strukturierter werden und uns klarere Ziele setzen. Ich würde mir wünschen, da auch herausfordernder zu diskutieren. Und was meinen eigenen Bereich betrifft: Hm, also da ist noch Luft nach oben, ich mache das nicht wirklich systematisch!"

„Wir haben einfach eine Unternehmensgröße erreicht, ab der wir hier mehr Struktur brauchen. Außerdem möchte ich alle Führungskräfte mehr in die konzeptionelle und in die unternehmerische Verantwortung bringen. Wenn wir Ernst machen wollen mit dem Thema Delegation von Verantwortung, dann müssen wir doch bei der Strategie auch damit anfangen!" macht Wim deutlich.

„Wo du recht hast, hast du recht", sagt Philippina, „daran macht sich eben auch die neue Kultur fest." Beate ist ganz mit dabei. Und Tim: „Ok, ich habe ja nichts dagegen. Was ich nur nicht möchte, sind endlose Diskussionen über Strategie, die am Ende zu nichts führen. Es sollte schon etwas dabei herauskommen, das für mich und meine Teams handlungsleitend ist. Und nachvollziehen sollte man es können, und zwar auf der Ebene der Mitarbeitenden. Nicht dass da Finanz-Latein auf einer Folie steht – sorry, ich meine jetzt nicht dich damit, Beate – und niemand versteht es. Wenn, dann müssen meine Mitarbeitenden in der Produktion auch etwas damit anfangen können", macht Tim Tacho nun seinerseits seinen Punkt.

### Episode 12 – Eine Diskussion zum Thema …

„Strategien müssen einfach sein, da bin ich sehr bei dir, Tim. Und die Aspekte oder Säulen von Strategie sind doch auch klar," ergänzt Wim:

- „Wir wollen weiter wachsen, um uns im Wettbewerb behaupten zu können, das ist ja sowieso logisch.
- Wir brauchen eine solide Profitabilität, um das Geld in Investitionen stecken zu können und vor allem unsere Eigenständigkeit zu sichern.
- Ich möchte innovativer sein als der Wettbewerb und einfach ein interessantes Produktportfolio bieten, damit sichern wir unsere Marktstellung.
- Wir brauchen laufende Erneuerung von innen heraus, also hinsichtlich der Prozesse, Effizienz, Digitalisierung. Vor allem dabei wird unser Kulturprojekt helfen. Erneuerung passiert doch vor allem über Haltung und Verhalten.
- Außerdem ist heutzutage klar, dass wir zu Nachhaltigkeit eine Strategie brauchen, aber die darf nicht aufgesetzt sein, sondern wird inhärenter Bestandteil von allen Strategiesäulen sein! Und die Mitarbeitenden müssen es leben und umsetzen."

„Prima Wim, dann sind wir doch fertig. Was willst du denn noch. Das ist die Diskussion, die wir letztes Jahr geführt haben," sagt Philippina.

„Ich möchte, dass das in allen Köpfen ist, alle sich damit auseinandersetzen, Ideen aus den Bereichen kommen und wir noch besser werden. Das darf eben nicht nur auf unserer Webseite stehen oder im Intranet veröffentlicht sein," insistiert Wim.

„Wir müssen das ausarbeiten", sagt Beate. Damit meint sie:

- Einen Zeitplan für den Strategieprozess über das Jahr, der sich jährlich wiederholt.
- Konkrete Vorgehens-Schritte wie

  - Kick-off durch die Geschäftsführung mit bestimmten Vorgaben, einem Rahmen
  - Workshops auf Bereichsebene zur ersten Strategieentwicklung
  - Vorstellung im gesamten Führungskreis und Feedback, vor allem auch zu bereichsübergreifenden Konsequenzen der einzelnen Strategien
  - Finalisierung und Verabschiedung
  - Implementierung und Ableitung konkreter Ziele für das kommende Jahr

Beate und Wim übernehmen es, dies einmal alles zusammenzutragen und in der übernächsten GF-Sitzung konkret vorzustellen. Anschließend würden sie damit in die Runde mit den Führungskräften gehen. Und die sollten das mit ihren Teams besprechen.

„Alle einverstanden?" fragt Wim sicherheitshalber noch einmal in die Runde und erntet Kopfnicken.

> **Strategieprozess – ein einfacher und verständlicher Ansatz**
>
> Zu Strategie gibt es meterweise Literatur. Ein kleines Büchlein macht die anwendungsorientierte Entwicklung einer Strategie und deren verständliche Formulierung – für interne und externe Rezipienten und Rezipientinnen – wunderbar deutlich: Rödiger (2015) in „On Story. So setzen Sie Strategien erfolgreich um." Mit einfachen W-Fragen und einer Matrix für die Story-Karte einer Strategie bietet das Buch eine sehr gute Anleitung zum Vorgehen, gerade auch für Menschen, die sich eben nicht jeden Tag mit Strategie beschäftigen und denen die Scheu davor genommen werden soll.

# Episode 12 – Eine Diskussion zum Thema …

„OK," holt Wim Luft, „ich muss noch etwas berichten. Ich hatte gestern ein Treffen mit Hartmut Hansen, unserem Unternehmenseigner. Es war das reguläre Quartals-Meeting, also kein gesonderter Termin. Er hatte so einiges gehört von unserem Veränderungsprozess. Normalerweise mischt er sich ja nicht ein und lässt uns machen. Hier ist er aber neugierig geworden. Ihr solltet natürlich davon wissen!" Und Wim berichtet ….

Montagnachmittag, 15.00 Uhr, im Büro von Wim Wendig. Tee und Kekse stehen auf dem Besprechungstisch, Hartmut Hansen kommt hereingeschlendert und setzt sich entspannt in einen der bequemen Sessel (Abb. 1).

„Dein Büro ist schon schick, Wim, das muss ich sagen. Es ist gut, dass du es modern eingerichtet hast. Und es passt zu dir als Person," fügt er lachend hinzu.

„OK, das nehme ich jetzt mal als Kompliment! Sollen wir kurz durch die Zahlen gehen?" fragt Wim, wissend, dass Hartmut Hansen gut vorbereitet ist und sich die Quartalszahlen längst ausführlich durchgeschaut hat.

„Können wir machen. Und dann musst du mir aber erzählen, was hier gerade im Unternehmen los ist. Ich habe etwas

**Abb. 1** Ein denkwürdiges Gespräch mit dem Firmeneigner

von Kulturanalyse gehört. Was soll das denn bitteschön sein? Also du willst jetzt nicht etwa aus Solution ein Theater oder Museum machen, oder?" frotzelt er ein wenig herum.

Wim versteht die Botschaft: Hartmut ist irritiert und in leichter Abwehrhaltung, aber offen, zuzuhören und zu verstehen. Trotzdem gehen sie aber erst einmal durch die Zahlen, und Wim nutzt die Diskussion, um auf die Tendenzen hinzuweisen, die ja zum Kulturprojekt geführt haben.

„Versteh' mich nicht falsch. Solution geht es gut. Aber der Markt ändert sich, wir nehmen die Signale wahr, wir haben Kunden befragt. Und auch bei den Mitarbeitern und Mitarbeiterinnen wünsche ich mir an manchen Stellen mehr Engagement und weniger Selbstgerechtigkeit im Sinne von: „Wir wissen schon, was für den Kunden gut ist." Außerdem habe ich überhaupt keine Lust, mit dir hier zu sitzen und dir wirklich schlechte Zahlen erklären zu müssen, dann wird das unangenehm für mich. Ich arbeite schließlich gerne hier," macht Wim seinen Punkt.

„Solution war immer ein kundenorientiertes Unternehmen. Ich weiß nicht, ob du nicht ungerecht bist. Und wir haben unsere Probleme immer gelöst, dafür habe ich gesorgt! Das ist eben nicht einfach, Arbeit ist kein Sonntagsspaziergang. Da muss man sich eben auch mal Mühe geben. Auch wenn die Ansage des Chefs einem nicht schmeckt" sagt Hartmut, auf die Vergangenheit blickend und in leichter Verteidigungshaltung.

„OK, lass uns durch die Ergebnisse der Mitarbeiterbefragung gehen. Ich zeige dir erst einmal das Modell, das dem zugrunde liegt und dann die Resultate und das, was wir für uns daraus abgeleitet haben, übrigens auch mit viel Zustimmung von Seiten der Mitarbeitenden."

Hartmut Hansen lässt sich ein wenig widerwillig darauf ein. Er fremdelt, das ist sehr deutlich zu spüren. Wim versucht es auf der sachlichen Ebene, erklärt das Konzept, geht auf die Ergebnisse ein, spricht auch ausführlich über den

Konflikt zwischen Vertrieb und Produktion (der gefühlt auch schon hundert Jahre alt ist) und zielt dann auf das Thema Verantwortungsübernahme und Entscheidung.

„Bestimmte Entscheidungen kannst du nicht aus der Hand geben. Und viele Menschen kommen eben hierher, um ihr Geld zu verdienen, das ist ihr Motiv, nicht um sich selbst zu verwirklichen. Und wenn sie im Lotto gewinnen, dann sind sie eben nicht mehr hier! Und außerdem: Gemeckert wird immer, und am liebsten auf die Chefs und auf die Geschäftsführung. Das sollte dir doch klar sein, Wim," wird Hartmut emotional.

„Warum bist du jetzt so sauer, Hartmut, so erlebe ich dich ja selten! Und außerdem kommen viele Mitarbeiter und Mitarbeiterinnen jeden Tag hierher, weil sie Spaß an ihren Aufgaben haben, das gerne tun, auch wenn sie sich oft genug über irgendetwas aufregen. Sie können hier etwas auf die Beine stellen und sich einbringen, und die Möglichkeiten dazu, die wollen wir durch unser Kulturprojekt noch verbessern. Geld allein macht sie auch nicht glücklich!"

„Ich mache mir eben Sorgen, ob ihr hier nicht viel Zeit für Diskussionen vergeudet, die das Unternehmen nicht weiterbringen. Ich sehe wie du die Signale am Markt und stimme überein, dass ihr als Geschäftsführung etwas unternehmen solltet, und das selbstverständlich rechtzeitig. Und mit diesem Ansatz, so schön die bunten Bilder aussehen, hast du mich noch nicht überzeugt. Verantwortung zu übernehmen, dazu muss man eben willens und in der Lage sein. Und das ist nicht bei jedem oder jeder der Fall."

„OK, Hartmut. Ich hätte folgenden Vorschlag. Du hast dich aus der operativen Führung des Unternehmens herausgezogen, aber wir waren uns vom strategischen Vorgehen und vom Führungs-Stil, was unsere Werte betrifft, immer einig. Ich habe von der Kulturanalyse für mich persönlich viel gelernt. Ich glaube, dass du uns helfen kannst, das Unternehmen kulturell voranzubringen, eben in deiner

Rolle als Eigner, der sich ein Unternehmen mit einem bestimmten Stil wünscht. Es wäre strategisch fatal, wenn du plötzlich sagen würdest, das ist nicht mehr „meine Solution". Ich will dich jetzt nicht zur Weißglut bringen, aber würdest du diesen Fragebogen einfach einmal selbst für dich ausfüllen? Und nun explodiere nicht gleich, ich sehe es dir an!"

Hartmut holt tief Luft und ist tatsächlich kurz davor, an die Decke zu gehen. Die beiden kennen sich allerdings schon so lange und wissen umeinander. Er willigt ein, wissend, dass auch er jetzt besser auf der Sachebene bleiben sollte.

„Ich will dich da an Bord haben, Hartmut. Das bringt sonst nichts! Die Kultur kann nicht so bleiben wie sie ist, wir brauchen eine Veränderung, und wenn du dahinterstehst, wird uns das helfen."

So trennen sich die beiden. Wim ruft sofort bei Karla Furrer an, gibt ihr die Mailadresse von Hartmut durch und bedeutet ihr, dass sie das persönliche Auswertungsgespräch mit ihm so schnell wie möglich führen muss – solange die Emotionen noch hochkochen.

„Na, da freue ich mich aber, wie schön. Solch ein Konflikt, der wird uns nach vorne bringen!" ist Karla optimistisch, „die Haltung zur Arbeit muss man eben zum Thema machen."

Die Debatte zwischen dem Eigner Hartmut Hansen und Wim Wendig zeigt zwei Pole, die häufig bei der Diskussion über Arbeit und warum jemand eigentlich gerne oder nicht gerne arbeitet, eine Rolle spielen. Kurt Lewin (1981) hat das einmal sehr schön auf den Punkt gebracht.

> **Die zwei Gesichter der Arbeit**
>
> Kurt Lewin (1981) war ein deutscher Sozialpsychologe und einflussreicher Begründer der modernen Psychologie. Er hat einmal die zwei Facetten oder die zwei Gesichter der Arbeit in einem kurzen Text sehr deutlich aufgezeigt: Arbeit ist Last, und sie ist Lust! Was heißt das?
>
> Arbeit ist zum einen mit Mühe verbunden, mit Last und mit Kraftaufwand. Ich arbeite, um meinen Lebensunterhalt zu verdienen oder im Privaten, um in einem aufgeräumten Haushalt zu leben, der alles bietet, was ich zum Leben benötige und um mein Essen auf dem Tisch zu haben. Arbeit ist in diesem Sinne Voraussetzung, um zu leben, sie ist Mittel zum Zweck.
>
> Arbeit ist zum anderen Lust. Menschen drücken sich in ihrer Arbeit und damit als Person aus. Sie sind in ihr kreativ, sie bewirken etwas, erreichen Ziele und bringen Dinge voran. Arbeit gibt dem Leben Sinn und Erfüllung, und so ist Arbeit für den Menschen unentbehrlich. Die menschengerechte Gestaltung von Arbeit hat von daher immer das Ziel, diese Aspekte von individueller Verwirklichung in der Arbeit zu fördern.
>
> Dieser Doppelcharakter lässt sich nicht wegdiskutieren, beide Seiten spielen bei der Arbeit eine wesensmäßige Rolle. Und mit beiden muss man eben umgehen.

# Literatur

Lewin, K., Die Sozialisierung des Taylorsystems. In Gestalt Theory, Vol. 3, No 1/2 (1981).

Rödiger, T. (2015). On Story. So setzen Sie Strategien erfolgreich um. Wiesbaden: Springer Gabler.

# Episode 13 – Recruiting und wo Change noch eine Rolle spielt …

Stefan Moll, HR Business Partner bei Solution, hat heute ein erstes Interview mit einer Kandidatin für die Entwicklung. Ein Star-Entwickler hatte gekündigt. Das Exit-Interview ergab, dass er ein sehr attraktives Angebot mit einem Gehalt hatte, das so bei Solution nur sehr schwer abbildbar gewesen wäre. Und er sagte, er brauche einfach einmal frischen Wind, so nett es von der Atmosphäre her in der Entwicklungsabteilung sei. Zum Bleiben für länger sei er einfach zu jung, er wolle anderswo Erfahrungen sammeln. Alles verständlich! Und sie sind so auseinander gegangen, dass man sich ja meist zweimal im Leben begegnet und haben sich auf LinkedIn vernetzt.

Nun also Vera Schreiber, super ausgebildet und mit sehr guten Zeugnissen. Stefan ist gespannt. Vera Schreiber ist zufällig über Unikontakte, die Albert Einstolz hat, auf die Stellenausschreibung aufmerksam geworden. Von daher ist

**Abb. 1** Ein Interview mit einer Bewerberin

sie sehr motiviert, sich die Aufgabe anzuschauen. Job-Angebote hat sie ansonsten genug. Es ist ein Online-Interview. Das Zweitgespräch würde dann gemeinsam mit Albert Einstolz, dem Entwicklungschef stattfinden.

Das Gespräch startet sehr angenehm, Stefan stellt das Unternehmen und die Abteilung vor, und sie diskutieren die Anforderungen der Position (Abb. 1). Das scheint alles ganz gut zu passen. Dann fragt Stefan eher qualitativ: „Welche Art von Unternehmenskultur ist Ihnen wichtig? Könnten Sie das beschreiben?"

„Oh, super Frage, darauf wäre ich auch noch gekommen," antwortet Vera Schreiber. „Ich hoffe, Sie erwarten jetzt von mir nicht die Standard-Antworten der Generation Y oder Z. Aber in der Tat finde ich die Passung wichtig, von daher: Was wünsche ich mir? Ich brauche viel Freiheit, Micro-Management ist mir ein Graus. Aber das ist ja eher ein Wunsch in Richtung Führung. Von der Kultur her würde ich sagen: Teamwork, aber das ist auch nichts Besonderes, sondern eher eine Selbstverständlichkeit. Was mir wirklich wichtig ist, ist dass die Menschen im Unternehmen Verantwortung übernehmen für das, was sie tun. Ich finde es

## Episode 13 – Recruiting und wo Change noch ...

fürchterlich, wenn die Bälle auf dem Spielfeld immer hin und her geschossen werden und am Ende keiner es gewesen ist. So kommt man nicht weiter. Ich habe einmal in solch einer Kultur gearbeitet, und es hat mich so viele Nerven gekostet. Keiner wollte Verantwortung übernehmen, Abteilungen haben nicht miteinander gearbeitet, sondern in ihren Silos gelebt und sich die Themen über den Zaun geworfen. So kann man keine Ziele erreichen. Nein danke, nicht noch einmal. Wie ist es denn bei Ihnen?"

Stefan denkt ein wenig nach, sie hatten im HR-Team gerade gestern wieder die Diskussion zu den Ergebnissen der Kulturanalyse und den Dingen, die sich die Geschäftsführung vorgenommen hat.

„Wir haben ein spannendes Projekt gestartet, eine Analyse unserer Unternehmenskultur. Alle Mitarbeitenden wurden online befragt, und wir sind jetzt dabei, die Ergebnisse umzusetzen. Die Geschäftsführung steht zu 100 % hinter dem Projekt, sie hat es schließlich angestoßen," antwortet Stefan.

„Das klingt ja super, und welches sind die Ergebnisse?" fragt Vera Schreiber.

„Na ja, ein paar Entwicklungsfelder gibt es schon, sonst hätte man sich den ganzen Aufwand mit der Befragung schließlich nicht gemacht. Und ein Thema ist auch die Übernahme von Verantwortung, also wie können wir mehr Verantwortung delegieren und die Mitarbeitenden mehr empowern. Wir sind eben auch – von der Kultur her – noch ein traditionelles Unternehmen. Aber wir nutzen zumindest schon einmal progressive Methoden!" antwortet Stefan. „Von daher könnten wir jemanden wie Sie gut gebrauchen. Sie würden ja die neue Kultur fördern und für die Weiterentwicklung des Unternehmens sorgen," fügt er lachend hinzu.

„Na prima, so hatte ich mir das eigentlich nicht gedacht. Aber mir ist ja schon klar, dass viele deutsche Unternehmen dieses Thema haben und es schwer ist, die schicke und moderne Arbeitswelt im Unternehmen zu finden," antwortet Vera.

„Das ist prima, dass Sie das so sehen. Ich fand, das war ein sehr gutes Gespräch, und wenn unsere Kultur Sie nicht abgeschreckt hat, würde ich mich freuen, wenn Sie zum Zweitgespräch vorbeikommen. Das würde dann mit Albert Einstolz und mir stattfinden. Sie würden also ihren potenziellen neuen Chef kennenlernen und könnten gleich austesten, wie sein Führungsstil so ist," macht Stefan Moll Nägel mit Köpfen. Er will nicht zu viel Zeit verlieren, der Bewerbungsmarkt ist eng.

„Ein Thema möchte ich noch ansprechen", sagt Vera. „Ich habe eine Tochter mit einer Beeinträchtigung, und sie braucht aktuell mehr Unterstützung als andere Kinder. Mein Mann und ich sind gut organisiert, aber trotzdem brauche ich manchmal mehr Flexibilität, was die Arbeitszeit und das Home-Office betrifft. Ich möchte das von Anfang an ansprechen."

„Dann sind Sie Expertin für ein zweites Thema, das uns bei Solution bewegt: Diversity und Inclusion", antwortet Stefan. „Sie passen immer besser zu uns!"

So gehen die beiden auseinander. Stefan ist nachdenklich, denn er kennt Albert Einstolz sehr gut: ein hoch kreativer, eher introvertierter Mensch, der von der Direktheit einer Vera Schreiber herausgefordert sein wird. Aber gerade das würde ihm mal guttun!

Paula People's Bürotür steht offen, Stefan schaut kurz bei ihr vorbei und erzählt vom Interview. „Weißt du was?" sagt Paula daraufhin, „das schreiben wir Albert Einstolz in seinen Entwicklungsplan: Coach yourself to change – nutze die Offenheit und Direktheit einer neuen Kollegin als „role model" und lass dich von ihr inspirieren. Sie wird ihn ab und zu provozieren, das ist schon klar. Aber sie wird ihn vor allem auch entlasten, weil sie bereit ist, Verantwortung zu übernehmen und Ziele erreichen will. Super, ich bin mal gespannt, ob das was wird."

„Aber weißt Du, Paula, wir sollten den Veränderungsprozess im Unternehmen stärker nach außen tragen und unser Employer Branding darauf ausrichten. Die Kandidatin ist doch das beste Beispiel dafür, dass die Menschen einfach eine bestimmte Kultur suchen, die zu ihnen passt oder andersherum: Wir wollen doch auch die neuen Mitarbeiter und Mitarbeiterinnen finden, die unseren Change Prozess unterstützen," meint Stefan.

Die beiden diskutieren noch eine Weile weiter, und es wir ein Plan daraus …

Paula People setzte sich wenig später mit ihrem Team zusammen, um das Thema Employer Branding anzugehen. Inga, die studentische Hilfskraft, bekam die Aufgabe, den Markt zu screenen: Drei interessante Anbieter bzw. Anbieterinnen für Employer Branding – Konzepte, die sie näher kennenlernen wollen, waren bei der Vorauswahl übriggeblieben. Bevor sie jedoch weiter in die Gespräche einsteigen, geht es darum, die Ziele und die ganz konkreten Auswahl- bzw. Entscheidungskriterien festzulegen: Was wollen wir wirklich erreichen, und worauf legen wir unbedingten Wert?

Das HR-Team sitzt zusammen und hat sich einen halben Tag Zeit für diese Diskussion genommen. Da Paula sich gerne entspannt und zu 100 % in die Debatte einbringen möchte, hat sie Maren gebeten, die Moderation zu übernehmen, die das auch sehr gerne macht.

„OK, dann lasst uns starten. Ich sehe, dass alle mit Kaffee und Tee versorgt sind. Wir wollen heute drei Fragen beantworten:

1. Was wollen wir mit dem Employer Branding Projekt erreichen? Wann können wir sagen, dass sich die Investition gelohnt hat?

2. Worauf legen wir Wert? Was ist uns beim Vorgehen besonders wichtig?
3. Wie kann Employer Branding unser Change Projekt unterstützen?

Einverstanden?" startet Maren die Moderation der Runde.

„Na eigentlich ist das doch klar. Wir wollen eine gute Marketing-Geschichte haben, um uns für potenzielle neue Mitarbeitende zunächst einmal interessant zu machen. Sie sollen auf uns aufmerksam werden und denken: Cooler Laden, da bewerbe ich mich mal! Die präsentieren sich mit einer Kultur oder einer Art der Zusammenarbeit im Unternehmen, die ich gut finde. Darauf habe ich Lust. Und ich persönlich möchte ein leichteres Leben haben: Recruitment wird immer aufwändiger und frustrierender. Ich brauche gute Argumente, um für Solution zu überzeugen, und die sollen ja auch stimmen und kein bloßes Marketing-Gerede sein. Ich mache Recruiting ja gerne, aber man muss heutzutage wirklich viele Rückschläge einstecken," kommentiert Stefan.

„Aber ich möchte genauso nach innen wirken. Wenn ich an die Schmierereien in der Toilette vor einer Weile denke. Das ist doch grässlich, dass das bei uns passiert ist. Wer hat sich da abreagiert? So etwas darf doch gar nicht vorkommen! Also ich meine jetzt nicht, dass Employer Branding direkt gegen Vandalismus hilft, aber durch unsere Geschichte, die wir nach außen erzählen, vertreten wir eine bestimmte Sicht auf das Unternehmen oder so etwas wie unsere Identität, unser Verständnis von Zusammenarbeit und der Umgang mit unseren Ressourcen. Oder eben Konfliktmanagement: Wie gehen wir miteinander um? Lasse ich meinen Frust durch Schmierereien an der Wand aus, oder kläre ich das Thema direkt mit den Kollegen und Kolleginnen oder dem Chef bzw. der Chefin," sagt Paula.

„Na ja, oder was ist mit dem Thema Diversity? Ich höre schon ab und zu Bemerkungen, die sind leicht rassistisch oder sexistisch. Oder es wird über ältere Kollegen und Kolleginnen gelästert, frei nach dem Motto: Mit denen kann man doch keinen Blumentopf mehr gewinnen", platziert Maren ihr Herzensthema. „Das gehört inhaltlich doch auch dazu, oder?"

„Unser Veränderungsprozess gehört auf alle Fälle zur Story, die wir erzählen, dazu, das ist im Moment ja zentrales Thema!" ergänzt Paula.

„Ok, was haben wir jetzt an Zielen", versucht Maren zusammenzufassen:

- „das Unternehmen bekannter, interessanter und attraktiver machen, so dass Kandidaten und Kandidatinnen, die auf der Suche sind, von sich aus auf uns zukommen und idealerweise eben solche, die die Kulturveränderung mit voranbringen
- dadurch Recruitment-Aufwand reduzieren, mehr spannende Bewerbungen und mehr Initiativ-Bewerbungen erhalten, den Active-Search-Aufwand wenigstens etwas reduzieren, KPI's dafür entwickeln und auch nachverfolgen
- gute Tools für die unterschiedlichen Medien (Webseite, Social Media, Online-Anzeigen etc.) bekommen, die einfach und flexibel einsetzbar sind
- nach innen wirken, die Solution-Kultur und unsere Werte damit gleichzeitig weiterentwickeln, den Veränderungsprozess unterstützen (zwei Fliegen mit einer Klappe schlagen!)
- wesentliche inhaltliche Themen der Story wären: der Veränderungsprozess, Kulturentwicklung, Diversity und Inklusion, Zusammenarbeit und das Miteinander im Unternehmen und natürlich unsere Produkte."

Alle nicken mit dem Kopf.

„OK, wie sieht es mit unserer zweiten Frage aus: Worauf legen wir bei der Entwicklung und Einführung von Employer Branding wert?" leitet Maren über zum nächsten Punkt. Die Ideen sprudeln …

- Auf alle Fälle Mitarbeitende und Führungskräfte dazu befragen, was Solution ausmacht, wohin das Unternehmen sich entwickeln muss und welche neuen Mitarbeitenden es dafür braucht, sowohl von den Fähigkeiten her, als auch von der Haltung!
- Rollen entwickeln: Dafür sorgen, dass Mitarbeitende und Führungskräfte aktive Botschafter und Botschafterinnen für das Unternehmen werden und auch aktiv für das Unternehmen werben, zum Beispiel in sozialen Netzwerken oder ganz banal im Freundes- und Bekanntenkreis oder auch bei professionellen Veranstaltungen, an denen sie teilnehmen. Konzept für „Mitarbeitende werben Mitarbeitende" entwickeln.
- Employer Branding – Steuerungskreis bilden, der das Projekt begleitet. Hier sollten unterschiedliche Abteilungen vertreten sein, möglichst repräsentativ. Der Steuerungskreis sollte das Projekt aktiv begleiten und zu den Konzeptideen Feedback geben.
- Ggf. die finalen Konzepte im Gesamtunternehmen zur Diskussion stellen, eine Art Wahl organisieren.

„Ich glaube, so sind wir gar nicht schlecht aufgestellt. Damit ist für mich auch die dritte Frage beantwortet: Employer Branding ist inhärenter Bestandteil des Change Projektes, das wird ineinandergreifen und muss sich gegenseitig unterstützen. Ich würde vorschlagen, damit gehen wir erst einmal in das konkrete Briefing der Employer Branding – Agenturen. Und dann bin ich mal gespannt, was uns so präsentiert wird …," freut sich Paula auf den nächsten Schritt.

# Episode 14 – Eine Triaden-Sitzung und weitere kreative Ideen zur Kulturentwicklung

Marion, Wulf und Hartmut sitzen in einem kleinen Besprechungsraum zusammen, versorgt mit Tee und Kaffee und treffen sich zu ihrer zweiten Triaden-Runde (Abb. 1). Beim ersten Mal haben sie sich etwas näher beschnuppert,

**Abb. 1** Eine Triaden-Sitzung

mehr über sich selbst erzählt als sie aus dem Unternehmenskontext wissen und waren sehr zufrieden mit dem noch eher allgemeinen Austausch über die Situation im Unternehmen, das Thema Verantwortung und darüber, wie die eigenen Mitarbeitenden so ticken.

Heute kommt Hartmut mit einem wirklich konkreten Anliegen und braucht Feedback. Worum geht's?

„Also: Home-Office, ich habe hier eine Herausforderung! Einer meiner Mitarbeiter scheint telefonisch oder per Video schlecht erreichbar zu sein. Er schöpft wirklich die 50 % Zeitanteil zu Hause aus, das ist ja auch ok. Viele Mitarbeitende bei mir in den Teams sind ja am Ende doch mehr im Büro und nehmen sich nur einen Tag pro Woche für zuhause. Also dieser Mitarbeiter wird sehr geschätzt, bringt normalerweise eine gute Leistung und ist eher ein strukturierter und disziplinierter Typ Mensch. Es wird geunkt, dass er den ganzen Tag mit dem Hund spazieren geht. Irgendjemand hat ihn gesehen. Aber das können natürlich auch Sprüche sein. Ich wurde vom Team angesprochen und muss nun etwas tun. Und so dachte ich, ich frage mal nach eurem Feedback."

„Also wenn ich mit dem Thema Verantwortung argumentiere: Warum sprechen deine Mitarbeitenden den Kollegen nicht selbst an. Sie haben doch das Problem, dass sie ihn nicht erreichen. Dann ist es doch ihre Aufgabe, das zu klären, anstatt gleich zum Chef zu gehen," findet Maren.

„Na ja, der Kollege ist schon etwas empfindlich und nimmt solche Nachfragen auch schnell persönlich. Da möchte sich niemand in die Nesseln setzen," ergänzt Hartmut.

„Trotzdem", insistiert Marion, „solch ein Thema kompetent anzusprechen und zu vermeiden, dass jemand in die Verteidigungshaltung geht, das kann man doch lernen."

„Na soll Hartmut nun erst ein Training organisieren, um das Problem zu lösen, so kommt er ad hoc doch auch nicht weiter," findet Wulf.

„Lieber Wulf, das empfinde ich jetzt nicht als wertschätzend mir gegenüber", antwortet Maren, „das klingt so, als sei mein Vorschlag unsinnig!"

„Ne, so meine ich das nicht. Tschuldigung! Nur: Wir brauchen doch jetzt eine pragmatische Lösung zum Vorgehen. Wenn der Kollege menschlich nicht so ganz einfach ist, dann muss eben Hartmut das Gespräch mit ihm suchen", ergänzt Wulf.

„Je länger ich darüber nachdenke, bekomme ich das Gefühl, dass da irgendetwas nicht stimmt", denkt Hartmut laut nach. „Ich weiß auch nicht, irgendwie war der Kollege auch ein bisschen komisch in der letzten Zeit, anders als sonst. Vielleicht gibt es ja ein generelles Problem, und er mag einfach nicht darüber sprechen?"

„Wer in deinem Team steht ihm denn am nächsten und könnte sich da einmal herantasten" fragt Wulf. „Ich bin ja bei Marion, dass es nicht unbedingt deine Aufgabe ist. Zuerst müssen die Kollegen und Kolleginnen ihre Konflikte selbst lösen!"

„Hm, ich wüsste jemanden. Das ist aber unser Beziehungs-Guru in dem Team, und so trifft es immer die gleichen. Eigentlich muss ja erst einmal der Kollege, der ihn immer nicht erreicht hat, sein Anliegen zu klären versuchen. Er telefoniert sich ja quasi die Finger wund. Und wenn er nicht weiterkommt, dann überlege ich noch einmal," findet Hartmut nun. „Also das ist ganz schön kompliziert, aber ich muss schon sagen, das hilft jetzt sehr. Ich möchte natürlich erreichen, dass jeder und jede die Verantwortung für die eigenen Arbeitsbeziehungen übernimmt und nicht an mich oder ein anderes Teammitglied delegiert. So soll es ja gerade nicht sein. Spannend zu sehen, bei wie kleinen Verhaltensweisen das Thema Verantwortungsübernahme so beginnt. Wenn ich noch mehr darüber nachdenke, habe ich da in der Vergangenheit ganz schön viel falsch gemacht …".

„Falsch würde ich jetzt nicht sagen, sondern eben nicht so, dass Eigenverantwortung gefördert wird, und das muss unser Weg sein," findet Marion, „und ich gebe dir Brief und Siegel: In den anderen Abteilungen ist das genauso. Die sind nicht besser. Feedback zu vermeiden, Konflikte als Bedrohung wahrzunehmen und lieber davonzulaufen, das findest du überall. Ich finde, da brauchen wir dringend eine kleine Weiterbildungsinitiative aus der Personalabteilung. Ich werde mal mit Paula People darüber sprechen. Irgendein niedrigschwelliges Angebot, keine große Sache daraus machen, ich glaube, das wäre gut."

„Na da waren wir ja richtig produktiv heute", findet Wulf, „ich muss jetzt los. Wir hatten uns auf eine dreiviertel Stunde verständigt. Und dein Gespräch mit Paula unterstütze ich sehr!"

„Stimmt, die Zeit rast, dann bis in 2 Wochen …".

Paula bekam kurz darauf Besuch von Marion und hat sich gefreut, dass solche Anregungen wie ein Feedbacktraining zu organisieren oder etwas zu Konflikt-Management anzubieten, von den Führungskräften kommen. Das ist ein echter Fortschritt. Früher hätte es das nie gegeben. Also setzt sie sich daraufhin mit ihrem Team zusammen, um ein Brainstorming zu machen ….

„Ok, lass uns mal loslegen. Marion war bei mir, aber ich bekomme auch von anderen Kollegen und Kolleginnen Anregungen. Wir müssen etwas tun. Verantwortung zu übernehmen, das beinhaltet eben auch, die eigenen Arbeitsbeziehungen zu managen, Konflikte zu klären, aber vor allem erst einmal Feedback zu geben. Die Kultur der positiven Rückmeldungen ist bei uns sowieso nicht sonderlich ausgeprägt, das wollte ich schon immer verändern. Und bei kritischem Feedback wird es ja noch schlechter. Wie auch immer ist das Teil der Rolle der Mitarbeitenden, das haben wir ja explizit in die Rollenbeschreibung aufgenommen", leitet Paula das Brainstorming ein. Und schon sprudeln die Ideen:

## Episode 14 – Eine Triaden-Sitzung und weitere ...

Zum Trainingskonzept:

- Erfahrungen abfragen
- Unternehmenskultur beschreiben lassen, wo fördert sie Feedback und wo nicht?
- Verbesserungsvorschläge zur Kultur einsammeln
- Gemeinsam Feedbackregeln entwickeln wie zum Beispiel Feedback konkret formulieren, positiv wie kritisch, Verhalten beschreiben, Wirkung des Verhaltens aufzeigen, konkrete Veränderungsvorschläge machen, dabei die eigene Intention prüfen (will ich unterstützen oder will ich verletzen ...)
- Kurze Übungs-Sessions in Kleingruppen
- Gemeinsame Auswertung
- Dauer: idealerweise ein Vormittag über 4 h

„Wer könnte das durchführen?" fragt Maren aus dem Personalbereich in den Raum.

„Also ich finde, wir sollten Karla oder jemanden aus ihrem Team einbeziehen. Wir wollen Feedback ja mit Kultur verbinden, und diesen Zusammenhang muss der Trainer oder die Trainerin verstehen. Aber ich fände es super, wenn die HR Business Partner einen Teil des Workshops übernehmen würden, dann würden wir immer mit Tandems arbeiten! Was haltet ihr davon?" schlägt Paula vor und erntet einhelliges Kopfnicken.

„Was könnten wir denn noch tun, um das Thema zu unterstützen?" fragt Thea Fischer, die Personalentwicklerin. „Wie kriegen wir Nachhaltigkeit hin? Trainings verpuffen ja auch gerne schnell!"

Und weitere Ideen entstehen ...

Zur Kommunikation ins Unternehmen:

- Kleine Karten entwickeln, die man sich auf den Schreibtisch stellen oder einfach in die Tasche stecken kann:

Inhalte könnten Feedbackregeln oder Regeln für die Konfliktklärung sein oder einfach etwas zu Eigenverantwortung beim Lösen von Konflikten
- Poster drucken und eine Bilderreihe mit mehreren Feedback-Situationen entwickeln
- Alles Material im Intranet veröffentlichen
- Kleines Video zu Feedback erstellen, die Azubis ansprechen, ob sie das als Projekt für die Einführungswoche der neuen Azubis aufnehmen wollen. Das heißt, mit Solution-O-Tönen arbeiten, um nah am Unternehmen dran zu sein

Feedback-App einführen?

- Kleine App, mit der man anlassbezogen ein kurzes Feedback geben kann
- Beispiel-Format: Anlass, was fand ich gut, was hat mir geholfen, können wir über Situation xyz bitte noch einmal sprechen. Kleine Bildelemente zur Auswahl einfügen oder einfach ein „Danke"
- Implementierung vorbereiten, in einem Bereich pilotieren, der richtig Lust dazu hat, dann darüber berichten, Interesse wecken und im Unternehmen ausrollen

„Das ist ein richtiges Projekt. Jetzt müssen wir aber schauen, dass wir uns nicht übernehmen," gibt Johannes zu bedenken. „Lass uns mal eine Zeitabschätzung machen. Ich würde mich schon gerne auch darum kümmern, zusammen mit Thea, nur im Moment ist es bei mir eng."

„Wir müssen auch nicht alles auf einmal einführen, das Training und die Karten wären mir am wichtigsten", meint Maren aus der HR Business Partner – Sicht. „Und wir könnten doch den nächsten Praktikanten oder die nächste Praktikantin einbeziehen, das ist doch ein super Projekt! Wir haben noch Bewerbungen, soweit ich weiß."

## Episode 14 – Eine Triaden-Sitzung und weitere ...

Thea Fischer macht einen Projekt- und Ressourcenplan und geht die Bewerbungen durch. Vielleicht ist schon jemand passendes dabei.

Die Zeit rast dahin, die Reflexion über den Change Prozess ist stetiger Bestandteil der HR-Runden, und Coach yourself to change wird im Unternehmen immer wichtiger. Es wird vor allem unter den Führungskräften aktiv diskutiert und praktiziert, sehr zur Freude des Personalbereichs und der Geschäftsführung, die selbst dranbleibt und mit gutem Beispiel vorangehen will.

Doch die Frage ist: Reicht das?

Paula und ihr HR-Team hatten wieder einmal eine Diskussion zur Rolle der Führungskräfte im Change Prozess, und Paula hat das Thema dann mit Wim Wendig aufgenommen: Wenn die Führungskräfte Change Agents und damit aktive Treiber und Treiberinnen der Veränderung sein sollen, dann brauchen sie mehr Handwerkszeug und Methoden dafür. Themen wie Mitarbeiterentwicklung, Begleitung der Veränderung in konkreten Gesprächen mit den Mitarbeitenden und vor allem die Diskussion über die jeweilige persönliche Haltung zum Change spielen eine immer bedeutendere Rolle. Und darauf sind die Führungskräfte noch nicht optimal vorbereitet.

Paula schlug vor, dies einmal im Vorstand zu thematisieren und ein Programm dazu aufzusetzen. Das würde sicher kein klassisches Training, sondern eher eine Mischung aus Reflexion, Vermittlung von Methoden und erproben der Tools. Wim war einverstanden, der Termin im Vorstand stand an.

„Ok, Paula ist heute dabei, weil wir uns im Vorfeld noch einmal über die Rolle der Führungskräfte als Botschafter bzw. Botschafterinnen des Veränderungsprozesses, also ihre Rolle als Change Agent unterhalten haben. Paulas Vorschlag ist, die Führungskräfte zu unterstützen, auf die Rolle besser einzustimmen und mit einem Handwerkskoffer zu versorgen. Was meint ihr?" startet Wim die Diskussion.

**Abb. 2** Coaching-Skills for Leaders

Und die Debatte begann, mit allen Argumenten, die dazu gehören von „muss das sein, wir haben eh schon so viel zu tun" über „im Vertrieb mache ich schon mein eigenes Programm" bis zu „oh ja, das ist ein absolutes Muss!"

„Also: Ich würde euch das gerne schmackhaft machen und habe mal einen Entwurf für solch eine Workshop-Reihe gemacht. Sie könnte folgendermaßen aussehen. Vielleicht wird es ja dann für alle attraktiv!" und Paula stellt das Konzept vor (Abb. 2).

### Ziel der Reihe
Coachingskills für Führungskräfte ausbauen: Veränderungskompetenz weiterentwickeln, Fähigkeit stärken, die Mitarbeitenden mit auf die Reise zu nehmen, Feedback-, Konflikt- und Moderationskompetenzen weiterentwickeln.

### Rahmen
Drei Module für eine Gruppe von ca. 15 bis 20 Führungskräften mit Coaching- und Reflexions-Sessions zwischen den Modulen, das ganze über einen Zeitraum von 9–12 Monaten. Jede Führungskraft bringt ein persönliches Ver-

änderungsthema mit (was möchte ich bei mir weiterentwickeln? Coach yourself to change!) und eines für den eigenen Bereich (was möchte ich in meinem Team oder im Bereich verändern?).

**Modul 1**
Die Rolle des Change Agent und des Coaches im Veränderungsprozess, Coaching-Ziele, Coaching-Haltung, Coaching-Prozess, mein persönliches Coaching-Thema.

**Modul 2**
Die wichtigsten Coaching-Tools kennenlernen und erproben wie zum Beispiel Fragetechniken, Konflikt-Moderation, Umgang mit Widerstand, Entwicklung von persönlichen Visionen, Visualisierungs- und Strukturierungs-Tools. Vorbereitung des Coachings einer konkreten Person – „Übungsfall".

**Modul 3**
Coaching im Unternehmenskontext, Umgang mit dem „System", Umgang mit Strukturen, Prozessen und Macht. Veränderungs-Management auf einer Meta-Ebene. Auswertung der ersten Coaching-Sessions (Übungsfall). Zielvereinbarung für die Zukunft.

**Optional**
Follow-Up nach einem halben Jahr.

„Och, da würde ich ja auch teilnehmen," sagt auf einmal Philippina, und die anderen nicken mit dem Kopf. „Gar nicht so schlecht," kommt es aus der Runde.
„Eigentlich müssen wir das zuerst durchlaufen, um selbst fit zu sein. Wir könnten die Pilotgruppe bilden, und dann rollen wir das Programm für alle Führungskräfte aus. Ich würde es auch freiwillig anbieten, also jeder und jede kann

aber muss sich nicht anmelden, und ich bin mir sicher, wenn alle hören, dass wir das durchlaufen, dann machen sehr viele mit," freut sich Wim.

„Also das fände ich einfach großartig. Ich würde nach passenden Trainern bzw. Trainerinnen für das Programm suchen und hätte da auch schon ein paar Ideen," macht Paula gleich Nägel mit Köpfen.

„Bevor wir hier alle davonrennen und loslegen, wäre mein Vorschlag, dass wir dieses Projekt, und das ist es ja, es ist ein Teilprojekt, mit in den Steuerungskreis nehmen und dort zeitlich und von den Ressourcen her einplanen. Aus meiner Sicht hat es eine hohe Priorität, es ist ein echtes Fit-Machen der Organisation, aber trotzdem sollten wir es in den Gesamtkontext stellen," schlägt Beate vor, „und außerdem brauchen wir eine vernünftige Kommunikation dazu."

„Wenn wir dich nicht hätten," sagt Tim. Und so wird es gemacht.

… und weil die meisten das Programm wichtig fanden, wurde es auch umgesetzt. Die GF startete, bildete die Pilotgruppe und ungefähr dreiviertel der Abteilungsleiter und -leiterinnen nahmen anschließend teil, u. a. Markus Mertens ….

Markus Mertens, Leiter der Produktionssteuerung, sitzt mit seiner Mitarbeiterin Kirsten Wendhausen zusammen, um den Produktions-Forecast für die nächsten 3 Monate durchzugehen, der auf den aktuellen Vertriebsangaben beruht. Beide wissen, dass der Vertrieb natürlich auch nur schätzen kann, aber trotzdem wünschen sie sich hier mehr Engagement von den Vertriebskollegen und -kolleginnen. Ein bisschen mehr Energie an der Stelle könnte schon sein.

Markus hatte ein langes und intensives Gespräch mit Tim zu den Themen. Beiden ist klar, dass Vertrauen und gegenseitige Wertschätzung zwischen Vertrieb und Produktion aufgebaut werden müssen. Es gab einfach in der Vergangenheit zu viel Stress, und es ist einiges an Porzellan zerschlagen worden. Da sind zwei große Silos entstanden, und die Verantwortung wird immer hin- und hergeschoben. Am Ende leidet der Kunde! Nur wie dieses zerschlagene Porzellan wieder gekittet werden kann und wie man dafür sorgt, dass ein gemeinsames Verantwortungsgefühl entsteht, da hatten sie am Ende des Gesprächs auch noch nicht den idealen Weg gefunden. Beide haben sich aber gesagt, dass sie einfach mal beginnen müssen, mit den Kollegen und Kolleginnen zu diskutieren, auch wenn es sicherlich unbequem werden kann.

Kirsten Wendhausen ist eine engagierte Mitarbeiterin, doch gerade sie hat in der Vergangenheit viel Frustration einstecken müssen, und Markus merkt, dass sie sich mehr und mehr zurückhält.

„Ich bin wirklich mal gespannt, was aus der Kulturanalyse und unserem Schnittstellenprojekt mit dem Vertrieb noch so herauskommt. Ich muss gestehen, ich bin ja optimistisch. Das sind ganz neue Töne im Unternehmen, ich habe wirklich den Eindruck, dass Tim Tacho und Philippina Fly es ernst meinen und die Notwendigkeit sehen, etwas zu tun," meint Markus.

„Dein Wort in Gottes Ohr. Ich glaube erst daran, wenn wir tatsächlich einen anderen Prozess haben und schwarz auf weiß geregelt ist, wie wir zusammenarbeiten. Und dann möchte ich das auch in der IT so umgesetzt sehen. Wir brauchen eine verbindliche und messbare Dokumentation und KPI's, sonst werden die Probleme doch nur wieder auf unserem Rücken ausgetragen," ist Kirsten Wendhausen viel, viel skeptischer in ihrer Einschätzung. „Der Vertrieb muss liefern und in Vorleistung gehen. Ich reibe mich hier nicht mehr auf!"

„Was müsste der Vertrieb aus deiner Sicht konkret tun? Nehmen wir Dennis Dreier. Mit ihm hast du ja viel zu tun," fragt Markus.

„Also wenn du meine ehrliche Meinung hören möchtest. Bei Dennis habe ich jegliche Hoffnung aufgegeben. Der wird sich nie ändern. Dem ist das alles egal. Hauptsache, er hat die Kundenprojekte gewonnen und kann sich mit den Lorbeeren schmücken," kontert Kirsten.

„Hm, was meinst du, was könnten wir tun, damit Dennis sich anders verhalten muss. Du unterstellst ihm ja eine „mir ist alles egal – Haltung". Wenn er andere Regeln bekommt, dann muss auch er sich verändern."

„Ach Markus, ich finde, du bist reichlich blauäugig. Dennis wird dann alles tun, um diese Regeln zu umgehen und sich weiterhin ein schönes Leben zu machen. Dennis und Verantwortung übernehmen, das sind doch Fremdworte."

„Also im Vertrieb wird er sehr geschätzt. Aber weißt du, wir müssen ja beides machen, neue Prozesse etablieren und gerade dafür sorgen, dass wir sie auch leben und vernünftig umsetzen. Wir müssen weg von „wir hier und die da drüben". Es ist ein Veränderungs-Prozess, der durch das Unternehmen geht, und je besser die „Schmiere" – wenn ich das mal so sagen darf – an den Schnittstellen ist, umso besser für uns alle. Da muss sich doch auch die Produktion auf den Vertrieb zubewegen."

„Sag' mal, geht es noch", wird Kirsten jetzt emotional. „Ich habe ja wohl schon genug getan und investiert! Meine Batterien sind auch irgendwann einmal leer!"

„OK, ich wollte jetzt auf gar keinen Fall in Frage stellen, was du alles geleistet hast. Und du weißt, dass ich das sehe. Aber was ist denn der Ausweg?"

„Weiß ich auch nicht! Was fragst du mich, du bist hier der Chef!" antwortet Kirsten.

„Ich weiß, wir haben in der Vergangenheit viel Energie sinnlos verbrannt, Feuerwehr gespielt, die Kohlen aus dem Feuer geholt, und ich habe ja auch keine Lust mehr dazu. Darunter haben viele Arbeitsbeziehungen gelitten, und

## Episode 14 – Eine Triaden-Sitzung und weitere ...

einige Leute reden nur noch das Nötigste miteinander. Das ist schlecht, und das müssen wir ändern!"

„Das kannst du gerne tun, aber fang bitte nicht mit mir an," macht Kirsten gleich klar.

„Du bringst mich aber gerade auf diese Idee," sagt Markus. „Das eine ist die technische und prozessuale Ebene, und da bin ich mir sicher, das bekommen wir hin. Das ist letztendlich eine Frage der guten Logik. Das andere ist, was in den Köpfen der Mitarbeiter und Mitarbeiterinnen los ist. Wenn du zum Beispiel nicht daran glaubst, dass sich etwas ändert, dann wird das mit der Veränderung ja viel schwieriger funktionieren und unsere Prozess-Lösung findet keine Akzeptanz und wird nicht gelebt. Du willst nicht wieder und wieder Energie verschwenden und verletzt werden. Das verstehe ich gut."

„Und was ist nun dein Vorschlag?" fragt Kirsten.

„Na ja, ich dachte so daran, dass sich vielleicht mal diejenigen, die bislang am meisten im Konflikt standen und die größten Auseinandersetzungen hatten, zusammensetzen und dies alles auf den Tisch packen. Das muss natürlich moderiert werden, sonst funktioniert es nicht. Die Arbeitsebene muss ja wieder hergestellt werden. Und da dachte ich, dass du einen Beitrag leisten kannst."

„Weißt du, was mir dazu einfällt? Ich habe vor zwei Wochen meinen Keller ausgemistet und wirklich viel weggeschmissen. Teilweise war das gar nicht einfach. Der Sperrmüll kam am nächsten Tag und hatte viel zu tun. Aber am Ende war es doch befreiend," ist Kirsten ganz nachdenklich.

Markus grinst. „Das kenne ich auch. Ich glaube, so etwas brauchen wir im Unternehmen, sonst werden uns die alten Geschichten immer weiter begleiten und womöglich einholen. Und das können wir nicht gebrauchen. So haben wir doch eine gute Idee entwickelt, was meinst du. Bist du dabei? Dann würde ich damit mal zu Tim gehen und ihn fragen, was er davon hält."

„OK, also die Idee ist nicht schlecht. Ich denke mal darüber nach. Vielleicht gibt es ja auch noch jemand anderes, der den Keller ausmistet, das muss ja nicht unbedingt ich sein. Aber zur Not wäre ich gegebenenfalls und vielleicht dabei. Du kannst ja noch einmal nachfragen," windet sich Kirsten heraus.

Aber Markus kennt sie gut genug um zu wissen, dass das ein positives Signal ist.

„Dann brauchen wir nur noch einen guten Namen für den Workshop. „Keller ausmisten" ist vielleicht etwas langweilig. Wie wäre es mit „Fuck Up Event"?" räsoniert Markus.

„Also darüber kannst du ja noch schön nachdenken," antwortet Kirsten grinsend.

### Fuck-up Event – wie funktioniert das? (so oder ähnlich)

Was ist das Ziel:

- Es geht darum, alte Frustrationen anzusprechen und symbolisch zu entsorgen, um so zu verhindern, dass sie die Zukunft weiterhin belasten und wie ein Elefant im Raum bleiben.

Vorgehen:

- Alle packen alles auf den Tisch, heißt sprechen es an, schreiben es auf eine Karte, an eine Pinwand oder ähnlich.
- Dann wird eine symbolische Entsorgung vorgenommen, zum Beispiel wird alles Aufgeschriebene in einem Lagerfeuer verbrannt, oder Karten werden von allen in den Reißwolf gesteckt oder, oder ….
- Am Ende wird gemeinsam die Vereinbarung getroffen, dass die Dinge hiermit „entsorgt" sind. Emotional sollte damit eine Entlastung durch alle Gemüter gehen.

> In der Zukunft:
>
> - Wann immer die alten, nun entsorgten Frustrationen wieder ausgepackt werden, wird auf das Event und die Vereinbarung hingewiesen, idealerweise nicht mahnend, sondern humorvoll oder mit einem Symbol (- denk an den Reißwolf …).
>
> Siehe auch Van Aerssen u. a. (2022).

# Literatur

Van Aerssen, B., Buchholz, Ch. & Burkhardt, N. (Hrsg.) (2022). Das große Handbuch digitale Transformation. 222 Methoden und Instrumente für mehr Wandlungsfähigkeit im Unternehmen. München: Verlag Franz Vahlen.

# Coach yourself to change: hilfreiche Fragen und Anregungen

Coaching lebt von guten Fragen. Fragen bringen mich zum Nachdenken, lassen mich die Dinge von unterschiedlichen Blickwinkeln aus betrachten und hinterfragen eingeschliffene Wahrheiten oder Glaubenssätze, die vielleicht für die Zukunft nicht mehr sinnvoll sind. Die folgenden Coachingfragen sollen hierbei Hilfestellung leisten. Sie orientieren sich von der Logik her am konkreten Handeln und Tun: Wo komme ich her, wo will ich hin, wie komme ich von A nach B, und woran messe ich meinen Erfolg? Teilweise gibt es Doppelungen, die gleiche Frage findet sich unterschiedlich formuliert. Dies ist so gemacht, weil unterschiedliche Worte manchmal unterschiedlich anregen, jeder und jede reagiert etwas anders.

Folgende Themen werden angesprochen:

- Meine Situation reflektieren
- Meine persönlichen Veränderungs-Ziele beschreiben
- Meine Veränderungs-Strategie und das Vorgehen festlegen

- Meine Rahmenbedingungen prüfen und ggf. überlegen, wie ich sie verändern kann (externe Widerstände)
- Meine eigenen persönlichen Haltungen und Widerstände erkennen, verstehen und angehen
- Verantwortung übernehmen und ins Tun kommen
- Erfolge feiern, Misserfolge reflektieren, alternative Wege finden

**Meine Situation reflektieren**

- Was finde ich gut an den Veränderungen im Unternehmen?
- Was bedeuten die Veränderungen für meine Arbeitsaufgaben?
- Was ist eigentlich meine Vision? Was ist der wirkliche Kern meiner Veränderung? Worum geht es mir?
- Was sorgt mich in der aktuellen Veränderungssituation des Unternehmens?
- Was gefällt mir an meiner beruflichen Situation? Woraus ziehe ich Zufriedenheit?
- Wo klemmt es beruflich? Wo bin ich unzufrieden?
- Wo sehe ich möglicherweise erste Signale für somatische Erscheinungen, wo meldet sich mein Körper und warnt mich vor?
- Sich selbst noch besser kennenlernen, erkunden und wahrnehmen: Wer bin ich, wer will ich sein? Und was hat das mit den Veränderungen im Unternehmen zu tun?
- Fördern die Veränderungen meine beruflichen Ziele oder nicht?
- Signale von außen verstehen: Was sagt mir mein Umfeld?
- Abwägung: Wie bewegen sich die Waagschalen? In welche Richtung geht das Pendel? Welches sind die Vor- und Nachteile der aktuellen Situation?
- Simulation, Gedankenspiele: Was wäre, wenn? Wie würde oder könnte eine persönliche Veränderung aussehen?

## Meine persönlichen Veränderungs-Ziele beschreiben

- Wenn ich hier der Chef oder die Chefin wäre: Wo sollte es mit dem Unternehmen hingehen?
- Was könnte hierfür mein persönlicher Beitrag in meiner Rolle als Mitarbeiter bzw. Mitarbeiterin sein? Was will ich verändern?
- Wo liegen meine Potenziale, was kann ich wirklich gut, wofür schlägt mein Herz?
- Wo zieht es mich hin, wo liegen positive Energien, was ist attraktiv?
- Wovon träume ich?
- Was reizt mich – in der Zukunft?
- Wo steckt der Pfropfen in der Leitung, wo will die Energie eigentlich hinfließen und kann nicht?
- Unterstützen die Veränderungen im Unternehmen eigentlich meine beruflichen Träume?
- Helfen die Veränderungen dabei, dass ich meine Stärken wirklich einsetzen kann?
- Mit wem muss ich sprechen, um meine beruflichen Ziele zu erreichen?
- Wenn ich meine beruflichen Ziele und meinen Erfolg genau beschreibe: Woran kann ich messen, dass ich sie auch erreicht habe?
- Welche Teilziele und Teil-Erfolge lassen sich ableiten?
- Wie „groß" ist mein „Projekt"?
- Wie komplex ist es?
- Wie tiefgreifend ist meine persönliche Veränderung?
- Welche Entscheidungen sind zu treffen?
- Werden weitere Bereiche meines Lebens betroffen sein?
- Was kann ich tun, um mein „Projekt" planbar zu machen?
- In welche Teilschritte oder Teilziele kann ich es herunterbrechen?
- Sind die Teilziele stimmig?

- Welche alternativen Vorgehensweisen kann es geben?
- Welches ist der beste Weg, und gibt es einen zweitbesten, den ich auch gerne nehmen würde?
- Welche Zeit wird das Projekt brauchen?
- Wie sähe eine konservative, wie eine progressive Zeitschätzung aus?
- Wann bin ich wirklich zufrieden mit dem Ergebnis?

## Meine Veränderungs-Strategie und das Vorgehen festlegen

- Welche Veränderungsstrategie ergibt für das Unternehmen oder für meinen Bereich am meisten Sinn?
- Ist dieser Weg vereinbar mit meinen persönlichen Zielen?
- Ist der Weg vereinbar mit meinen Werten?
- Welches ist der beste Vorgehensweg?
- Gibt es überhaupt einen Weg nach vorne?
- Wie könnte er genau aussehen?
- Wie sieht mein Möglichkeitsraum aus? Wo will ich hin, und wie viele Wege gibt es?
- Viele Wege führen nach Rom: Welche kann es für mich persönlich geben?
- Welche Haltepunkte gibt es auf den Wegen, die mir wiederum alternative Vorgehensweisen eröffnen?
- Wo gibt es Absicherungspunkte?
- Wo gibt es Punkte, an denen ich meine Entscheidung noch einmal überdenken oder verifizieren kann?
- Sind einige Wegstrecken oder Zwischenabschnitte unbedingt erforderlich für den Erfolg?
- Welche Wege sollte ich vermeiden, weil sie nicht zum Ziel führen?
- Welche Wege bieten mir die vielfältigsten Alternativen zum Vorgehen?

- Nach einer Nacht darüber schlafen: Sehe ich das noch genauso?
- Einmal rückwärts kalkuliert (vom Ziel zum Ausgangspunkt): Ist der Weg immer noch Erfolg versprechend?
- Was macht das mit meinem Bedürfnis nach Sicherheit?
- Kann es dann wirklich losgehen?
- Hindert mich noch irgendetwas?
- Wie gut ist mein Unterstützungs-Netzwerk?
- Wenn es schief gehen sollte: Was ist dann mein Plan B oder C?
- Was macht den Weg gangbar?
- Welche guten Haltepunkte gibt es, um eine Zwischenauswertung machen zu können?
- Wann liegt die Steuerung am sichersten in den eigenen Händen?
- Neige ich dazu, die Dinge zu überstürzen?
- Brauche ich mehr Ruhe?
- Welche Methoden sind am sinnvollsten?
- Welche Unterstützung von außen gibt es auf dem Weg?
- Lassen sich alle Lebensbereiche bei diesem Vorgehen gut integrieren? Fällt niemand oder nichts hinten herunter?
- Sind die Prioritäten stimmig und richtig?
- Vor der finalen Entscheidung zum Vorgehen: Passt es wirklich so?

## Meine Rahmenbedingungen prüfen und ggf. überlegen, wie ich sie verändern kann (externe Widerstände und Ressourcen)

- Was fühlt sich gut an? Was macht Angst oder wirkt bedrohlich? Was ist verdaubar, was nicht?
- Welches sind die hindernden Faktoren?
- Welche Interessen stehen im Raum? Streiten sich die Standpunkte? Wie lässt sich der Streit auflösen?

- Wo liegen die Risiken? Wer unterstützt, wer verhindert?
- Was ist realistisch, was nicht?
- Welche Ressourcen und welche Unterstützung habe ich in meinem Umfeld?
- Wer oder was kann mir helfen?
- Wieviel Zeit möchte ich mir nehmen?
- Welches ist mein bestes Tempo, meine Geschwindigkeit?
- Wann tut mir das alles persönlich wirklich gut?
- Und in der Summe: Welche Argumente sprechen dafür, welche dagegen?
- Kann ich jemand anderes nach seiner bzw. ihrer Einschätzung der Handlungsmöglichkeiten befragen, um meine eigene Einschätzung zu testen: Wie realistisch ist sie wirklich?
- Gibt es möglicherweise eine Diskrepanz zwischen meinem Bild der Situation und der objektiven Lage?
- Was kann ich tun, um meine eigene Einschätzung, meine Meinung dazu, zu verifizieren?
- Wie komme ich an mehr Fakten? Wer kann mir hier helfen?
- Wie kann ich mir mehr Sicherheit verschaffen?
- Wie kann ich mein Bild von der Realität schärfen?
- Wie gut ist meine Einschätzung meiner Kompetenzen in diesem Feld? Kann mir jemand zu meinen Kompetenzen und Fähigkeiten Feedback geben?
- Wenn ich Kompetenzen aufbauen sollte, wie kann ich das am besten tun?
- Wer kann mir beim Kompetenzaufbau helfen?
- Wie gut bin ich mit Tools und Methoden ausgestattet, um mein Veränderungsvorhaben voranzubringen?
- Kann ich die Tools verbessern?
- Wenn mich etwas abhält von oder mich unterbricht bei meinem Veränderungsvorhaben: Wie kann ich es wieder aufnehmen, wie kann ich es fortsetzen und nicht aufgeben?

- Wie sind meine Umgebungsbedingungen? Wie förderlich oder hinderlich sind sie?
- Kann ich etwas an den Umgebungsbedingungen verändern?
- Können andere etwas daran verändern? Und wenn ja, wie können sie mir helfen?
- Gibt es Zeitdruck, der mir ggf. Stress macht?
- Wie kann ich Zeitdruck minimieren, um mir meinen Raum zu geben?
- Wenn nicht, wie kann ich mit dem Druck umgehen? Kann ich ihn regulieren?
- Wie kann ich mein eigenes Tempo in den Veränderungsprozess bringen?

## Meine eigenen persönlichen Haltungen und Widerstände erkennen, verstehen und angehen

- Was sagt nun mein „Bauchgefühl"?
- Welche Haltung habe ich zur Veränderung im Unternehmen? Worauf beruht diese Haltung oder dieser Wert?
- Für welche verschiedenen Bereiche meines Lebens ist diese Haltung relevant?
- Wenn ich diese Haltung verändere: Was bedeutet das dann für meine verschiedenen Lebensbereiche und für meine Arbeit?
- Welches sind meine wichtigsten Haltungen zu Beruf und auch zu Familie, zu anderen Lebensbereichen?
- Welches sind meine wichtigsten Werte?
- Wie sieht die Landkarte meiner Haltungen und Werte aus?
- Wie ergänzen sie sich?
- Wo widersprechen sie sich möglicherweise?
- Wo sind sie funktional?

- Wo unterstützen sie mich und helfen mir?
- Welche Rollenbilder leiten mich?
- Welche Werte leiten mich, die möglicherweise etwas damit zu tun haben, welches Geschlecht ich habe oder lebe?
- Hindern oder treiben diese Werte oder Rollenvorstellungen mich, in eine bestimmte Richtung zu gehen oder etwas zu tun oder nicht zu tun?
- Was will ich als Person wirklich?
- Wo sind gute Leitplanken, die ich so auch behalten möchte?
- Wo gibt es Dis-Funktionalitäten, und wo helfen mir meine Haltungen und Werte heutzutage nicht mehr weiter?
- Welche Haltungen und Werte passen jetzt nicht mehr zu mir?
- Welche Haltungen und Werte machen mich möglicherweise krank?
- Wenn ich sie verändern würde, gehe ich dann ein Risiko ein? Führt das zu Verhaltensunsicherheiten?
- Welches sind die Vorteile, welches die Nachteile der Veränderung?
- Was gewinne ich, was verliere ich?
- Verliere ich dann „Halt"?
- Verliere ich Anerkennung?
- Verliere ich Macht?
- In Summe: Was kommt dabei heraus?
- Wird mein Leben dann leichter?
- Welchen Wert hat das Neue für mich?
- Trauere ich dem Alten hinterher, wenn ich es sein lasse?
- Wie sieht die Bilanz aus?
- Lohnt sich das für mich wirklich?
- Macht das mein Leben besser?

- Bin ich glücklicher?
- Bin ich zufriedener?
- Bin ich für die Zukunft besser aufgestellt?
- Wo sind noch Widerstände? Wo kommen sie her? Warum?
- Wie kann ich gut mit ihnen umgehen oder auch an ihnen vorbeigehen?

## Verantwortung übernehmen und ins Tun kommen

- Wer sitzt bei mir am Steuerrad: Bin ich das selbst, oder sind das andere?
- Wo will ich hinfahren? Ist mir das immer so klar?
- Welches „Fortbewegungsmittel" möchte ich benutzen?
- Habe ich einen guten Plan für die Reise? Brauche ich Pausen und Zwischen-Stopps?
- Woran merke ich, dass ich gut vorankomme?
- Woran sehe ich, dass ich am Ziel bin?
- Woran sehe ich, dass ich das Ziel verfehlt habe?
- Woran erkenne ich, dass sich die Reise gelohnt hat?
- Was muss passieren, dass sich die Reise nicht lohnt?
- Fühle ich mich verantwortlich für meine persönliche Veränderung?
- Bin ich Meister oder Meisterin meines Tun?
- Komme ich gut ins Handeln?
- Erreiche ich meine Zwischenziele?
- Habe ich Spaß an der Umsetzung und am persönlichen Lernen?
- Wie kann ich gut im „Machen" bleiben und keine Energie verpulvern?
- Muss ich meinen Vorgehensplan nachjustieren?
- Wer kann mir noch helfen, wenn nötig und mich unterstützen?

## Erfolge feiern, Misserfolge reflektieren, alternative Wege finden

- Und wie sieht mein Ergebnis nun aus?
- Wie bin ich zum Ziel gekommen?
- Woran mache ich die persönliche Veränderung fest?
- Bin ich zufrieden, und wenn ja, warum?
- Was macht mich zufrieden?
- Ist die Situation stimmig für mich?
- Bin ich in der Balance?
- Bin ich unzufrieden, und wenn ja, warum?
- Was macht mich unzufrieden?
- Standen Aufwand und Erfolg in einem guten Verhältnis zueinander?
- Würde ich es noch einmal so machen?
- Oder würde ich vielleicht etwas anders vorgehen?
- Was lerne ich?
- Was ist wichtig für die Zukunft?
- Und wenn anscheinend gar nichts mehr geht: Was geht dann trotzdem noch?
- Wieviel Zeit brauche ich erst einmal zum „Verdauen"?
- Und wie wäre es mit einer Runde „Träume träumen?"
- Wie komme ich zurück „auf Kurs", und was ist mein neuer Kurs?
- Wo geht es jetzt hin?

## Steuerung meiner Motive und Treiber

Sich Klarheit darüber zu verschaffen, was einen aktuell antreibt, ist zentral, um Veränderungs-Ziele systematisch zu beschreiben. Ohne das persönliche „Warum" zu kennen und zu verstehen, ist man immer in der Gefahr, Ziele zu verfolgen, die man eigentlich gar nicht verfolgen will. Dann bricht man ab, verliert sich auf dem Weg, kommt nur ins Zaudern und verschwendet unglaublich viel Energie.

Was treibt mich als Person aktuell an, was steht für mich im Vordergrund? Worauf kann ich auch verzichten? Und wie komme ich in eine gute Balance? Ein paar Anregungen dazu:

- Mein Glück, meine Lebenslust, meine Ambitionen, was ich schon immer einmal im Leben machen wollte …!
- Mein Selbstwert – was macht mich als Person wertvoll und soll bleiben
- Meine Karriere, meine beruflichen Interessen
- Meine materielle Sicherheit
- Mein Partner, meine Partnerin, meine Familie, meine Kinder
- Meine Freunde und Freundinnen
- Meine Hobbys
- Meine Gesundheit
- Mein aktueller Lebensmittelpunkt, mein Zuhause, mein Wohnumfeld
- Weitere Themen, die mich zentral beschäftigen

**Das „Effizienz-Dreieck" meiner Veränderung**
Persönliche Veränderung kann Spaß machen, Energie geben, Freude bereiten, vielleicht manchmal weh tun oder auf der anderen Seite einfach nur hart und anstrengend sein. Wenn es nur anstrengend wird, dann ist der Weg sehr steinig und birgt die Gefahr, unterwegs abzubrechen. Das muss nicht sein. Deshalb ein paar Überlegungen zur Effizienz der Veränderung und dem guten Umgang mit den eigenen Ressourcen und Kompetenzen (Abb. 1).

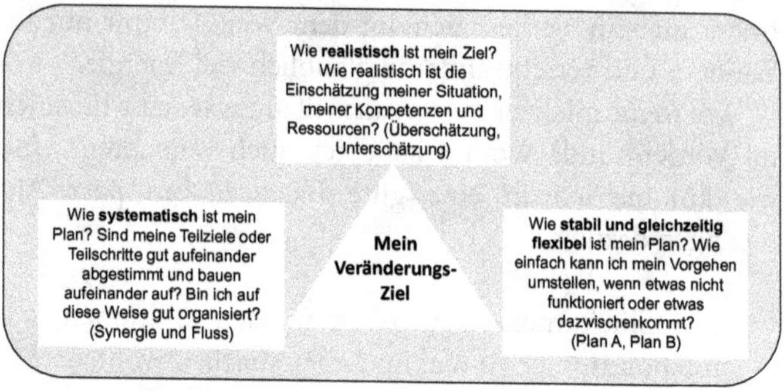

> **Wie realistisch ist mein Ziel?** Wie realistisch ist die Einschätzung meiner Situation, meiner Kompetenzen und Ressourcen? (Überschätzung, Unterschätzung)
>
> **Wie systematisch ist mein Plan?** Sind meine Teilziele oder Teilschritte gut aufeinander abgestimmt und bauen aufeinander auf? Bin ich auf diese Weise gut organisiert? (Synergie und Fluss)
>
> **Mein Veränderungs-Ziel**
>
> **Wie stabil und gleichzeitig flexibel ist mein Plan?** Wie einfach kann ich mein Vorgehen umstellen, wenn etwas nicht funktioniert oder etwas dazwischenkommt? (Plan A, Plan B)

**Abb. 1** Mein Veränderungsziel

# Ausblick

Die Solution GmbH hat eine Veränderungsreise begonnen, und es gibt noch viel zu tun. Die Reise wird dynamisch bleiben, Veränderung lässt sich nicht exakt planen. Die 14 Episoden dieses Buches dienen der Anregung, „wie es gehen könnte" oder „was man alles auf den Weg bringen könnte", um eine Organisation qualitativ in Bewegung zu versetzen und voranzubringen. Es gibt noch viel mehr, was sich tun ließe, und jedes Unternehmen hat seinen individuellen Weg, es gibt keine Blaupause. Dieser Text ist ein Beispiel für einen Weg, das Mut machen soll, Veränderung anzugehen.

Bei Veränderung geht es wesentlich darum, die Menschen zu bewegen, sie in die Reflexion zu bringen und deutlich zu machen, dass Veränderung vor allem etwas mit einem selbst zu tun hat, der eigenen Haltung, den Werten, der Perspektive, die man immer wieder einnimmt und in der Konsequenz mit dem eigenen Verhalten. Veränderung geht jeden und jede sehr persönlich an.

Es braucht von daher Reflexion, Kommunikation, Organisation und Steuerung:

- Ein Steuerungskreis auf Unternehmensebene ist ein Schlüsselelement, um immer wieder die Helikopterperspektive einzunehmen, den Kurs der Veränderung zu reflektieren und zu korrigieren.
- Projektmanagement, um die Teilprojekte zeitlich zu koordinieren und vor allem schonend und aufeinander abgestimmt mit den Ressourcen umzugehen. Das Tagesgeschäft muss ja weiterlaufen.
- Kommunikation, Kommunikation, Kommunikation … auf allen Ebenen und mit allen Medien.
- Die Ermöglichung der persönlichen Reflexion und des Lernens „Coach yourself to change", den Raum dafür zu geben und die Erlaubnis, dies aktiv zu tun und es im Zweifelsfall von allen aktiv einzufordern, dies ist für mich ein zentraler Aspekt! Das muss „Kulturelement" im Unternehmen werden.

Veränderung ist heutzutage ein kontinuierlicher Prozess und eine Lernreise, sie hört nicht auf. Wir leben in transformativen Zeiten oder in Zeiten des Paradigmenwechsels. Die Veränderungs-Geschwindigkeit steigt: technologisch, prozessual, hinsichtlich unserer Umwelt-, Klima- und damit generell hinsichtlich der Lebensbedingungen auf dieser Erde! Je mehr es uns gelingt, dies immer wieder neu zu verstehen und zu reflektieren, umso kompetenter werden wir darin, die Zukunft besser zu gestalten.

# Literatur

Bamberg, E., Ducki, A., & Metz, A.-M. (1998). Handbuch Betriebliche Gesundheitsförderung. Göttingen: Verlag für Angewandte Psychologie.

Bandura, A. (2023). Social Cognitive Theory. Edited and with a foreword by Daniel Cervone. Hoboken, New Jersey: John Wiley & sons, Inc.

Bruggemann, A., Groskurth, P. & Ulich, E. (1975). Arbeitszufriedenheit. Bern: Verlag Hans Huber.

Bundesanstalt für Arbeitsschutz und Arbeitsmedizin BAUA (Hrsg.) (2014). Gefährdungsbeurteilung psychischer Belastung. Erfahrungen und Empfehlungen. Berlin: Erich Schmidt Verlag.

Deutinger, G. (2017). 2., aktualisierte und vollständig überarbeitete Auflage. Kommunikation im Change. Erfolgreich kommunizieren in Veränderungsprozessen. Berlin: Springer Gabler.

Glasl, F. (2022). Selbsthilfe in Konflikten (9., aktualisierte und erweiterte Auflage). Stuttgart: Verlag Freies Geistesleben. Bern: Haupt Verlag.

Greif, S., Bamberg, E. & Semmer, N. (Hrsg.). (1991). Psychischer Streß am Arbeitsplatz. Göttingen: Hogrefe.

Hacker, W. (1986). Arbeitspsychologie. Psychische Regulation von Arbeitstätigkeiten. Berlin: VEB Verlag der Wissenschaften.

Kegan, R. & Laskow Lahey, L. (2009). Immunity to Change. How to overcome it and unlock the potential in yourself and your organization. Boston: Harvard Business Press.

Krumm, R. (2017). 9 Levels of value systems (3. erw. Aufl.). Mittenaar-Bicken: werdewelt Verlags- und Medienhaus GmbH.

Krumm, R. & Parstorfer, B. (2014). Clare W. Graves: Sein Leben, sein Werk. Mittenaar-Bicken: werdewelt Verlags- und Medienhaus GmbH.

Leitner, K., Volpert, W., Greiner, B., Weber, W.G. & Hennes, K. (1987). Analyse psychischer Belastungen in der Arbeit. Das RHIA-Verfahren. Handbuch. Köln: Verlag TÜV Rheinland.

Leitner, K., Lüders, E., Greiner, B., Ducki, A., Niedermeier, R. & Volpert, W. (1993). Analyse psychischer Anforderungen und Belastungen in der Büroarbeit. Göttingen: Hogrefe. Verlag für Psychologie.

Lewin, K., Die Sozialisierung des Taylorsystems. In Gestalt Theory, Vol. 3, No 1/2 (1981).

Oesterreich, R. (1981). Handlungsregulation und Kontrolle. München: Urban & Schwarzenberg.

Redlich, A. (1997). Konfliktmoderation. Hamburg: Windmühle GmbH.

Rödiger, T. (2015). On Story. So setzen Sie Strategien erfolgreich um. Wiesbaden: Springer Gabler.

Ulich, E. (2011). Arbeitspsychologie (7. neu überarb. und erw. Aufl.). Zürich und Stuttgart: vdf Hochschulverlag und Schäffer-Poeschel Verlag.

Van Aerssen, B., Buchholz, Ch. & Burkhardt, N. (Hrsg.) (2022). Das große Handbuch digitale Transformation. 222 Methoden und Instrumente für mehr Wandlungsfähigkeit im Unternehmen. München: Verlag Franz Vahlen.

Volpert, W. (1975). Die Lohnarbeitswissenschaft und die Psychologie der Arbeitstätigkeit. In: Groskurth, P. & Volpert, W. (Hrsg.). Lohnarbeitspsychologie. Frankfurt/M.: Fischer Taschenbuch Verlag.

Zapf, D., & Semmer, N. K. (2004). Stress und Gesundheit in Organisationen. In H. Schuler (Ed.), *Organisationspsychologie – Grundlagen und Personalpsychologie* (S. 1007–1112). Göttingen: Hogrefe.

GPSR Compliance
The European Union's (EU) General Product Safety Regulation (GPSR) is a set of rules that requires consumer products to be safe and our obligations to ensure this.

If you have any concerns about our products, you can contact us on

ProductSafety@springernature.com

In case Publisher is established outside the EU, the EU authorized representative is:

Springer Nature Customer Service Center GmbH
Europaplatz 3
69115 Heidelberg, Germany

www.ingramcontent.com/pod-product-compliance
Lightning Source LLC
LaVergne TN
LVHW020330260326
834688LV00037B/952